Friedrich Nippold

**Die jesuitischen Schriftsteller der Gegenwart in Deutschland**

Friedrich Nippold

**Die jesuitischen Schriftsteller der Gegenwart in Deutschland**

ISBN/EAN: 9783744637282

Hergestellt in Europa, USA, Kanada, Australien, Japan

Cover: Foto ©Andreas Hilbeck / pixelio.de

Weitere Bücher finden Sie auf **www.hansebooks.com**

Die
# jesuitischen Schriftsteller

der

Gegenwart in Deutschland.

Von

Friedrich Nippold.

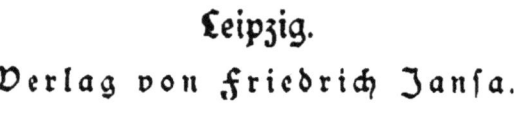

Leipzig.
Verlag von Friedrich Jansa.
1895.

Herrn Dr. jur. Bernhard Schroeder

in Darmstadt

dem treuen Freunde junger und alter Tage

verehrungsvoll zugeeignet.

# Vorbemerkung.

Die dritte Lesung des Centrumsantrags im Reichstage (20. Februar 1895) hat den vollberechtigten Erwartungen der Jesuitenfreunde vollauf entsprochen. Wir wollen uns an dieser Stelle darum auch mit keiner Silbe auf die Bedeutung dieses Beschlusses einlassen, so wenig wie auf die — eine noch weitere Ausdehnbarkeit des berufenen §. 166 anstrebende — Taktik des Centrums in der „Umsturzcommission". Seit der Rintelen'schen „Reform" des Caprivi'schen Gesetzentwurfs beginnen ja endlich auch die mancherlei ähnlichen Vorstöße zur weiteren Kräftigung der Hierarchie und zur endgiltigen Untergrabung des Rechtsstaates in ihrem inneren Zusammenhange erkannt zu werden. Alle diese nachgerade auch „den Stein höhlenden" einzelnen Tropfen haben sogar das aufgeklärte Zeitungspublicum etwas aus jener Gleichgiltigkeit aufzurütteln begonnen, welche durch die so klug berechnete, immer neue Wiederholung der demselben längst so langweilig gewordenen Jesuitenanträge entstanden war. Um so mehr hat sich die dieser kleinen Schrift gestellte Aufgabe darauf beschränken können, etwelches weniger bekannte Material zusammenzustellen. Der enge Verband der an die Leistungen der Umsturzcommission anknüpfenden Bewegung mit den hier behandelten Fragen läßt sich ohnedem in dem dritten Abschnitt über die Jurisprudenz (beziehungsweise den Erläuterungen dazu) zur Genüge studiren.

An dieser Stelle daher nur ein kurzes Wort über die formelle Seite des Schriftchens. Einleitung und Schluß desselben sind auch heute so geblieben, wie sie bereits einige

Monate vor der Einbringung des neuen Jesuitenantrags ausgeführt worden waren: bei dem Darmstädter Vortrag vom 6. October 1894. Die stenographische Nachschrift von Herrn Oberconsistorial-Calculator Rothermel hatte es mir nämlich ermöglicht, den Wortlaut jenes vorher nicht zu Papier gebrachten Vortrags nachträglich zu fixiren. Sowohl der „Rückblick und Rundblick" (S. 1) wie die Schlußbemerkungen über „die litterarische Produktion als Teil der Gesammtthätigkeit" (S. 68) beziehen sich daher auf die Lage vor den neuen parlamentarischen Verhandlungen. Dagegen habe ich mich damals nicht dazu entschließen können, die ungenügenden Bruchstücke aus einem so überreichen Litteraturgebiet, welche in einem solchen einzelnen Vortrag überhaupt herangezogen werden konnten, in Druck zu geben. Der mittlere Hauptteil ist deshalb erst späterhin in die jetzige Form gebracht worden. Und bevor ich dazu kam, mußte erst eine andere Arbeit vollendet werden, die nunmehr ebenfalls vor wenigen Tagen zur Ausgabe gekommen ist: „das Hülfsbüchlein für die Bibelleser in der Gemeinde" über den „Entwicklungsgang des Lebens Jesu im Wortlaut der drei ersten Evangelien". In der immer neuen Vertiefung in die Quellen des Lebens Jesu liegt zugleich die Ursache der Gemütsruhe, oder besser der Glaubenszuversicht, mit welcher der Verfasser (obgleich es immer wieder eine recht eigentliche Lebensaufgabe für ihn geworden ist, auf den vollen Ernst der erneuten Jesuitengefahr hinzuweisen) trotz alledem der weiteren Zukunftsentwicklung entgegensieht. Gerade in der gegenwärtigen Lage aber thut es mehr als jemals zuvor Not, aus den beklemmenden Dünsten der kirchlichen Streitigkeiten in die reine Alpenluft des Evangeliums Jesu flüchten zu können.

Der Verfasser giebt sich allerdings keinerlei Selbsttäuschung darüber hin, daß eine so massenhafte Anhäufung des Stoffes, wie sie auch diesmal wieder unvermeidlich gewesen ist, der Popularität im Wege steht, und noch weniger darüber, daß eine geschichtliche Anschauungsweise, welche jeder Art von Confessionalismus und Dogmatismus gleich sehr entgegentritt, innerhalb der officiellen Theologien eine isolirte Position einnimmt. Die gleichen Bedenken, welche der

§. 32 seiner „Geschichte der Theologie" über „Döllinger als Reformator der evangelischen Theologie" sogar bei wohlmeinenden Freunden erweckt hat, werden auch diesmal besonders gegen den Schlußteil des Darmstädter Vortrags erhoben werden. Aber der von den Weisen des Tages unter die Füße getretene Gewissensprotest des deutschen Altkatholicismus hat dem papistischen Zerrbild eben doch das wahrhaft evangelisch-katholische Ideal gegenübergestellt: in der bereits begonnenen allmählichen Einigung aller papstfreien Kirchen, und in ihr ist zugleich die Vorbedingung gegeben für die „theologische Verteidigung der Gesammtwissenschaft gegen den vaticanischen Infallibilismus" (vergl. a. a. O. §. 33).

Ob die übrigen Wissenschaften ihrerseits einer solchen Verteidigung bedürfen oder nicht, darüber dürfte wohl die Prüfung der nachstehend gegebenen Einzelbelege keinen Zweifel mehr aufkommen lassen.

Die so lange verzögerte Drucklegung ist nunmehr umgekehrt möglichst beschleunigt worden, damit der Hintergrund der vom Centrum erhofften „Reform" unserer Gesetzgebung allseitig geprüft werden kann. Die erdrückende Stoffmasse ist zu diesem Zwecke abgeteilt worden in den Text, welcher die einzelnen Schriften der Jesuiten übersichtlich gruppirt, und in die Erläuterungen, welche die Einzelarbeiten in ihren allgemeineren Zusammenhang hineinstellen. Daß der Text zuerst im Feuilleton des „Leipziger Tageblattes" Aufnahme gefunden hat, verpflichtet mich zum besonderen Dank gegen die Redaction, die den üblichen Vorwurf „zu gelehrt für unser Publicum" nicht gescheut hat. Die Erläuterungen sind dagegen (ebenso wie Einleitung und Schluß des Darmstädter Vortrags) erst dieser Separatausgabe beigegeben worden.

Jena, 11. März 1895. F. N.

# I.
## Rückblick und Rundblick.

Es sind 25 Jahre, seit es dem heutigen Redner zuletzt vergönnt war, in Ihrer Stadt öffentlich zu sprechen. Die Ursache, die mir trotz mannigfacher Ueberbürdung den Mut zu diesem Vortrage gegeben hat, liegt in dem schönen Fest, das Sie vor einigen Wochen alle miteinander geteilt haben. Was die diesjährige Generalversammlung des Gustav-Adolf-Vereins Ihnen gebracht hat, was weiter von hier für weite Kreise angeregt worden ist, das wissen Sie alle. Mir persönlich aber machte dieses Fest zahlreiche Erinnerungen wieder lebendig: wie Ihre Stadt emporgewachsen ist als ein mächtig aufblühendes Glied eines großen Ganzen, und wie sie überdies mehr als einmal ein Markstein wurde in unserer nationalen wie in unserer kirchlichen Entwicklung.

Es waren ganz besonders die Jahre 1866—1870, die mir dabei zuerst vor die Seele treten mußten. In dem damals in zwei Stücke auseinandergerissenen Hessen stand man mehr als anderswo auf der Wacht gegen den Gegner, der dann 1870 gleichzeitig die doppelte Kriegserklärung brachte, die aus Paris und die aus Rom. Es lag deshalb aber auch weiter in der Natur der Dinge, daß nach dem Friedensschluß 1871 der hier im neuen Reich sich zum ersten Mal wieder versammelnde Protestantentag zu diesen wichtigen Fragen Stellung genommen hat. Es ist dies in doppelter Weise geschehen. Zunächst wurde obenan durch Bluntschli und Ohly mit aller Klarheit und Bestimmtheit die Jesuitenfrage auf die Tagesordnung gesetzt, zum anderen wurde durch Dr. Schröder die Sympathie bekundet für die nationale Richtung im deutschen Katholicismus, die bis dahin keinen würdigeren Repräsentanten gehabt hatte als den letzten nach altem kanonischen Recht zum Bischof von Mainz gewählten Leopold Schmid, der schon bald nach dem Krieg von 1866 die Frage: „Ultramontan oder katholisch?" so klar aufgestellt hatte. Damals stand er allein; aber im Jahre 1870 waren alsbald zahlreiche Männer, die berufensten Gelehrten des katholischen Deutschland, in seine Fußstapfen getreten.

Es thut heute gut, an jenen Protestantentag zu erinnern. Seinem Vorgange sind damals auch die anderen, auch die ihn bekämpfenden kirchlichen Gruppen, eine nach der anderen gefolgt. In unserer nationalen und kirchlichen Geschichte haben der Nationalverein und der Protestantenverein eine gleiche vorbereitende Arbeit gehabt. Von beiden gilt das Wort, daß der eine säet, was der andere erntet.

Aber ebenso wie auf jene Erinnerung von 1871 muß auch ich mich, wie Ihr geehrter Herr Vorsitzender\*), noch einmal zurückbeziehen auf jene zweite große Versammlung, die wieder aus Anlaß der Jesuitenfrage im Mai d. J. in Darmstadt getagt hat, und die in den weitesten Kreisen Echo fand. Schon die bedeutsamen Beschlüsse Ihrer Landessynode und Ihres Oberconsistoriums hatten sich Anspruch auf warmen Dank in der gesammten deutsch-evangelischen Kirche erworben. In jener Versammlung vom 20. Mai aber lag die Hauptsache darin, daß nicht blos eine einzelne Fraction unserer Kirche allein vertreten war, sondern daß sich alle ihre verschiedenen Richtungen zusammen gefunden hatten. Ich könnte mich nur wörtlich anschließen an alle die Reden von Küchler, Weitbrecht, Osann, Lucius, Dietz und Trümpert. Denn das Thema, das ich Ihnen heute bringen möchte, steht einfach in Ergänzung zu den Kundgebungen der damaligen Versammlung.

Von gegnerischer Seite wird uns nämlich nicht ohne Grund vorgeworfen: „Was wollt Ihr mit den immer neu abgeschriebenen Excerpten aus den alten Jesuiten? lernt doch die neuen Jesuiten kennen". Ich bin in der Lage, diesem Worte gegnerischerseits mich völlig anzuschließen, muß mir überhaupt erlauben, mich als einen von denen vorzustellen, die die Herren Jesuiten gern zu ihren Gunsten citiren. Es wäre verlockend für mich, die Art dieser Citate durch eine Reihe interessanter Belege zu charakterisiren! Ich muß mir dies aber versagen mit Rücksicht auf den ohnedem so überreichen Stoff. Lassen Sie mich

---

\*) Herr Landgerichtsrat Küchler.

daher nur ein einzelnes Citat anführen, das dann zugleich als Thema für den heutigen Abend dienen kann, weil es ein Dictum ist, das fast durch die ganze ultramontane Presse gelaufen ist.

Es sind etwa drei Jahre her, daß die Eisenacher Pastoralconferenz in Salzungen tagte, bei welchem Anlaß mir ein Referat über die Parallelen zwischen dem alten und neuen Jesuitenorden übertragen war. Ich hatte vorher den Wunsch ausgesprochen, daß keine Berichte über meine Mitteilungen in die Presse kommen sollten. Trotzdem ist es geschehen, und was ich von solchen Berichten vorher erwartet, geschah nun auch sofort: die ultramontanen Blätter haben sie eifrig nachgedruckt als Zeugnisse zu Gunsten der Herren Jesuiten. Ihre Berichte aber sind in diesem Fall ausnahmsweise einmal richtig gewesen. Denn ich hatte allen Ernstes hingewiesen auf die üble Lage auf unserem eigenen Boden, wie sie sich damals in der Tageslitteratur abspiegelte*). In Folge des Jesuitenantrags des Centrums hatte eine ganze Reihe localer Streitigkeiten gespielt: in Wiesbaden, Mainz, Speyer, Herborn, Saarbrücken, Straßburg, Wetzlar, Torgau, Oldenburg, Stettin 2c. Und bis nach Oldenburg und Stettin fanden sich gegnerischerseits überall Leute, die präparirt und geschult waren; während auf unserer Seite ein Fehler nach dem anderen gemacht wurde. Es mußte dies einmal mit aller Bestimmtheit ausgesprochen werden, denn nichts schadet einer Sache mehr, als wenn sie ohne Sachkenntnis behandelt wird.

Neben dieser ersten These aber stand eine zweite. Zu meiner großen Freude ist sie genau ebenso in Ihrer großen Versammlung vom 20. Mai betont worden: „Unsere Gegner bekämpfen unsere Personen und suchen sie unschädlich zu machen, wir bekämpfen das Princip, nicht die Personen. Auch bei den Jesuiten erkennen wir offen an, was die Einzelnen leisten. Es ist ein Ehrenpunkt für uns, es zu betonen,

---

*) Die einschlägigen Artikel der (schon kurze Zeit nach dem Erscheinen so schwer zu erlangenden) localen Blätter sind auszüglich mitgeteilt in den drei Schriften unter dem gleichen fortlaufenden Titel: Der Jesuitenstreit in Wiesbaden 2c. (Halle, Strien).

daß wir es mit gelehrten, scharfsinnigen Männern zu thun haben, die auch in ihrem Privatleben intakt sind."

So also die Aeußerungen, die nun alsbald zu Gunsten der Jesuiten colportirt wurden in einer ganzen Reihe von Blättern. Es ist mir u. A. ein solches Blatt aus meiner Vaterstadt zugesandt worden, worin die Freude ausgesprochen wurde, daß ich mich „bekehrt" habe. Nun, meine hochgeehrten Herren und Damen, ich habe in meinem ganzen Leben nie anders gesprochen, und freue mich dabei doppelt der Uebereinstimmung mit Ihnen. Auch heute kann ich nur nachdrücklich das am 20. Mai gefallene Wort wiederholen, daß wir nicht die Personen bekämpfen, ja, daß wir mit unserer Bewunderung für die Selbstverleugnung der Einzelnen nirgends zurückhalten. Jedes Mitglied des Jesuitenordens, das offen und ehrlich mit seinem Namen in die wissenschaftliche Arena tritt, wird uns bereit finden, ihn wie jeden anderen Mitarbeiter auf wissenschaftlichem Gebiet zu behandeln.

Heute sind es nun bereits eine ganze Reihe von Männern, die dies gethan haben. Es läßt sich ein merkwürdiger Unterschied constatiren in der Taktik der Jesuiten vor und nach dem Gesetz von 1872. Bis dahin haben sie meist anonym geschrieben, man konnte ihre Thätigkeit nur an ihren Früchten erkennen. Jetzt ist das ganz anders geworden. Schon vor drei Jahren war eine genaue Liste der heutigen deutschjesuitischen Schriftsteller aufgestellt worden.\*) Es waren damals 61, jetzt ist dieses Verzeichnis bis auf 90 gestiegen. Was das heißt, können Sie sich leicht vorstellen, wenn Sie sich eine Reihe von Gymnasien mit bedeutenden Lehrkräften vergegenwärtigen. Wie viele von diesen Lehrern sind doch in der Lage, sich zugleich einen wissenschaftlichen Namen in der Litteratur zu erwerben? Es sind wahrlich nicht ein paar Dutzend Jesuiten, um die es sich heute handelt. Es sind über 1000 Mitglieder allein in der deutschen Ordens-

---

\*) Vergleiche den (auch als eigene Schrift erschienenen) Aufsatz in Beyschlag's D.-ev. Bl.: Die Jesuitenfrage vom politischen Standpunkte (Halle, Strien).

provinz, und dieselben stehen mit Belgien und mit Holland einer-, mit Oesterreich andererseits in engster Verbindung.

Es ist überhaupt auch geographisch interessant, zu vergleichen, wie sowohl der alte als der neue Orden sowohl in den Niederlanden als in Oesterreich sich ganz besonders zu recrutiren versteht. Aus den Anfängen des alten Ordens braucht es nur der Erinnerung an den berühmten Jesuiten Canisius. Er stammt aus dem holländischen Nymwegen. Sein Name lautet ursprünglich de Hondt. Auch die wichtige jesuitische Quellenschrift der Imago primi saeculi ist von den österreichischen Niederlanden ausgegangen. Zugleich ist es überaus lehrreich, wie schon der alte Orden von hier aus immer mehr vorgeschoben wurde. Das wertvolle Buch von Dr. Zirngiebl in München, die „Studien über das Institut der Gesellschaft Jesu", zeigt in einer gerade geographisch sehr lehrreichen Weise, wie dieselbe allmählich von Station zu Station vorgedrungen ist. Und das ist heute noch ebenso. Sie werden sich sofort erinnern, daß die zwei ersten Generäle des erneuten Jesuitenordens die Belgier Roothaan und Beckx waren. Neulich auf der großen Heerschau in Köln ist aus Holland der bekannte Dr. Schaepman erschienen, um „die Freiheit wie in Holland" uns als Vorbild hinzustellen.

In der That: von Holland wie von Belgien aus wird genau ebenso wie im 16. und 17. Jahrhundert der Kampf auch heute geführt wie von sicheren Festungen aus. Es wäre freilich grundverkehrt, nur diese eine feindliche Armee im Auge zu behalten. Eine andere rückt — wiederum gerade wie Zirngiebl aus der Zeit vor dem 30jährigen Kriege es so erschütternd vorführt — aus Tirol und Vorarlberg, ja überhaupt aus Oesterreich her, Schritt für Schritt vor. Was Innsbruck und Feldkirch heute wieder bedeuten, braucht keines Hinweises. Aber fast noch einflußreicher ist das zunächst für den Adel bestimmte Gymnasium in Kalksburg in der Nähe Wiens. Wir haben ferner in Galizien die Einziehung der Basilianerklöster zu Gunsten der Jesuiten erlebt, vor allem des großen Mutterklosters Dobromil. Alles dies und viel anderes steht in engem Verbande mit der klugen päpstlichen Orientpolitik, wo wieder das eine Glied eng mit dem anderen zusammenhängt. Wie lange ist nicht Bulgarien schon das Pulverfaß für Europa gewesen. Lassen Sie mich nur die kleine, aber bezeichnende Thatsache anführen, daß aus diesem, fast ausschließlich dem morgenländischen Katholicismus angehörigen Lande in den letzten Jahren gleichzeitig gegen 25 junge Leute in der neuen „freien katholischen" Universität in dem schweizerischen Freiburg studirt haben.

Aber heute beschränken wir unseren Gesichtskreis auf unsere nächsten Nachbarländer Belgien und Holland. In dem letzteren ist es obenan die Provinz Limburg, die den deutschen Jesuiten ihre Festungen und Arsenale geboten hat. In dem einen Exaeten in der Nähe von Roermond haben nicht weniger als 17 von jenen deutsch-jesuitischen Schriftstellern, von denen ich Ihnen wenigstens Einiges erzählen möchte, ihr Domicil. Andere verweilen in Wynandsrade, in Blyenbeck und in Katwyk.

Diese meist als Gelehrte wirklich hervorragenden Männer aber stammen überdies gutenteils aus unserer nächsten Nähe. So Behringer und Racké aus Mainz, Duhr und Tileman Pesch aus Köln, Stephan Beissel, Höver und Schmidt aus Aachen. Andere sind aus Trier, Coblenz, Mülheim, Nees. Auch ich bin auf dem Gymnasium sehr befreundet gewesen mit einem jungen Manne, der später in den Jesuitenorden eintrat und als Mitglied desselben gestorben ist. Er steht mir heute noch vor der Seele als ein braver, lauterer Charakter. Ebenso weiß ich von Professor Friedrich, daß er in jungen Jahren in den Orden eintreten wollte. Keinerlei persönliche Angriffe jesuitischerseits dürfen uns überhaupt jemals verleiten, Gleiches mit Gleichem zu erwidern. In der Nachfolge Christi haben wir Besseres zu lernen, und zumal für den Historiker ist es recht eigentlich ein Ehrenpunkt, es stets wieder zum Ausdruck zu bringen, daß Katholicismus und Protestantismus, Pietismus und Rationalismus, Jesuiten und Freimaurer menschlich mit gleichem Maße zu messen sind.

Aber so hoch und wichtig die Aufgabe auch ist, auch dem bittersten Gegner geschichtlich gerecht zu werden, so muß ich

Ihnen doch offen gestehen: eine schwierigere Aufgabe, wie sie mir die letzten Wochen boten, habe ich kaum je vor mir gehabt. Das Namensregister, das ich aufgestellt hatte, mit den Büchertiteln jedes einzelnen Ihnen vorzulesen, hat keinen Wert; Sie würden dadurch kein wirkliches Bild bekommen. Vor lauter Bäumen würde man den Wald nicht sehen. Ich zog daher schließlich vor, die Rubriken der verschiedenen Wissenschaften nebeneinander zu stellen, und die besonders hervorragenden Vertreter derselben jeweilen in den Mittelpunkt. Nun kamen aber nicht weniger als 12 Gebiete heraus, und jedes einzelne derselben würde einen Abend vollauf in Anspruch nehmen, wenn man es genügend besprechen wollte. Ich habe Ihnen nämlich im einzelnen vorzuführen, was die Jesuiten leisten in der Philosophie und der Naturwissenschaft, in der Jurisprudenz und Pädagogik, in der allgemeinen Geschichte und in der Kirchengeschichte, in der Geographie wie in der Philologie, in den mancherlei Einzelgebieten der Theologie und der Asketik, in der internationalen Litteraturgeschichte und Socialpolitik. Lassen Sie mich wenigstens versuchen, Ihnen aus jedem dieser Teile das Wichtigste vorzuführen!

## II.
## Die einzelnen wissenschaftlichen Fächer.

### I. Philosophie.

Die dritte Encyklica des „Friedenspapstes" Leo XIII., „Aeterni patris" vom 4. August 1879, welche den Thomas von Aquin zur Grundlage alles wissenschaftlichen Unterrichts in der Papstkirche gemacht hat, würde nach Zweck und Erfolg eine besondere Betrachtung verlangen. Nicht minder die schon lange vorher auf die Erneuerung der scholastischen Methode gerade seitens der Gesellschaft Jesu gerichteten Bestrebungen. Für diesmal aber kann es sich nur um die seit jener Encyklica von jesuitischen Schriftstellern geschriebenen Werke handeln, die den Neu-Thomismus in alle einzelnen Teile der Gesammtwissenschaft eingeführt haben. Nur ein kleiner Bruchteil dieser Werke hat bisher hier oder da eine vorübergehende Beachtung gefunden. Aber der innere Zusammenhang der ganzen Litteraturgruppe tritt nur dann zu Tage, wenn man die gemeinsame Grundlage auch der deutsch geschriebenen Arbeiten in der groß angelegten „Philosophia Lacensis" ins Auge faßt.

Von diesem die sämmtlichen Teile der Philosophie umfassenden Werke sind bisher vier Teile erschienen, von denen der erste, welcher analog der Hegel'schen Philosophie die Logik in den Mittelpunkt des Systems stellt, für sich allein drei Bände umfaßt. Der Logik sind zunächst die Naturphilosophie und dann das Naturrecht gefolgt. Der zuletzt herausgegebene Teil behandelt die natürliche Theologie. Derselbe ist bereits von einem der wenigen protestantischen Sachkenner auf diesem Gebiete, dem ebenso vielseitigen wie zuverlässigen Greifswalder Kirchenhistoriker Zöckler, in seiner streng objectiven Art charakterisirt worden und dabei nicht ohne Grund mit Hase's „Hutterus redivivus" verglichen. Eine der von jesuitischer Seite ausgehenden Reclamen aber weiß von dem Gesammtwerke zu rühmen: „Diese Institutionen

zeichnen sich durch Gründlichkeit und Schärfe der Beweis=
führung, durch treffliche Auswahl des dialektischen Materials,
sowie durch klare und durchsichtige Darstellung aus. Durch
geschickte Anwendung der scholastischen Methode ist das
Werk für den Schulunterricht in der Logik in hohem Grade
geeignet und kann selbst als Muster bezeichnet werden, wie
Logik nicht allein gelehrt, sondern auch geübt werden soll."
Was unter dieser „Uebung der Logik" zu verstehen ist, hat
die „Deutsche Reichszeitung" (1890, Nr. 217, II.) in einem
Panegyrikus auf den bayerischen Parlamentarier Rittler
näher beschrieben als „eine ausgezeichnete dialektische Durch=
bildung, welche ihn in den Stand setzte, immer die Blößen
des Gegners rasch zu entdecken und die Schwächen der eigenen
Beweisführung zu verdecken". „Diese dialektische Durchbildung
hat er sich im Collegium Germanicum (der jesuitischen Hoch=
schule) zu Rom angeeignet. In formeller Beziehung, in Logik
und Dialektik ist die römische Unterrichtsweise der deutschen
Universitätsbildung weit überlegen".

Doch wir dürfen uns bei diesem einen Werke nicht
länger aufhalten. Dem ersten großen Sammelwerke schließt
nämlich sofort ein zweites sich an, die sogenannte Bibliotheca
Scholastica, von welcher bisher vier Bände einer neuen Aus=
gabe des Aristoteles und sodann die sechsbändige Summa
philosophiae Cosmi Alamanni erschienen sind. Der Heraus=
geber dieser Bibliotheca Scholastica ist der gleiche Pater
Ehrle, welcher mit dem Dominikaner Denifle zusammen
das Archiv für mittelalterliche Kirchengeschichte begründet hat.
Als Herausgeber der Philosophia Lacensis werden die Patres
Tileman Pesch, Theodor Meyer und Hontheim ge=
nannt, denen wir bald auch in ihren deutschen Werken wieder
begegnen werden.

Neben ihnen aber haben sich auch noch andere Mitglieder
des Ordens durch ihre philosophische Arbeit hervorgethan.
Um der Höflichkeit willen darf ich unter denselben am wenigsten
den Pater Langhorst vergessen. Denn er ist einer der
ersten gewesen, der bei den förmlich massenhaften Angriffen
auf das unbequeme Buch „Katholisch oder Jesuitisch?" mit
seinem Namen hervorgetreten ist, während die übrigen

Angreifer ihre persönlichen Ausfälle durch den Schutz der Anonymität deckten. Neben ihm mag ferner Pater Limbourg genannt werden. Doch sind beide bisher nicht besonders in den Vordergrund getreten. Um so mehr ist dies bei Pater Cathrein der Fall. Er kommt zwar besonders auf juristischem, staatsrechtlichem Gebiete in Betracht, aber daneben darf doch auch seine zweibändige „Moralphilosophie" nicht vergessen werden. Sie soll nämlich dem Verfasser zufolge die „Unfähigkeit aller anderen Systeme, eine feste Grundlage und sichere sittliche Normen für Pflicht, Recht und Gesellschaftsordnungen zu finden", darlegen. Eine der Selbstreclamen rühmt diesem Buch weiter nach, daß es „die Fragen der Ethik unter fortlaufender Rücksichtnahme auf die älteren, neueren und neuesten Versuche, die sittlichen Probleme ohne Gott „rein diesseitig" zu lösen, behandelt", und schließt mit der Bemerkung: „Die Kreuzzeitung ist voll des Lobes von Cathrein's Schriften."

Als die geschickteste Leistung auf diesem Gebiete ist mir jedoch immer mehr die Studie von Gruber „Comte und der Positivismus" erschienen. Auf deutsch-protestantischem Boden hatte bis dahin nur der auf dem Gebiete der Religionsphilosophie selber so hervorragende Pünjer eine quellenkundige Darstellung dieser französischen Tagesphilosophie gegeben. Gruber aber hat die Prämissen Comte's zugleich in derselben Weise und für denselben Zweck zu benutzen verstanden, wie seinerzeit der Bischof Huet die verwandte Philosophie des Cartesius. Er verfolgt zugleich die Weiterentwickelung des Positivismus über Comte hinaus, indem er demselben nicht nur die Franzosen Littré und Lafitte und die Engländer John Stuart Mill und Herbert Spencer sondern auch Dühring und Wundt zurechnet.

Die genannten Werke bilden im Uebrigen nur einen kleinen Ausschnitt aus dieser ebenso ausgedehnten als einheitlichen, in sich geschlossenen Litteraturgruppe. Ein genaueres Studium der Neuscholastik muß zunächst auf solche ältere Werke zurückgreifen, wie die „Philosophie der Vorzeit" von Pater Kleutgen, mit welcher der innere Streit in der deutschen katholischen Theologie begann (durch Kleutgen's Angriffe auf den Tübinger Kuhn).

Zum andern kommen die von Land zu Land rapid gewachsenen Bearbeitungen der Thomistischen Philosophie in Betracht. So haben sich allein in Deutschland bereits drei neue philosophische Zeitschriften an das römische Vorbild „Divus Thomas" angeschlossen: das „Jahrbuch für Philosophie und speculative Theologie", das von der Görres-Gesellschaft herausgegebene „Philosophische Jahrbuch" und die „St.-Thomasblätter". Endlich aber müssen den jesuitischen Führern des Kampfes ihre zahlreichen Schüler und Genossen zur Seite gestellt werden. Sowohl in dem schweizerischen Freiburg wie in Amsterdam sind es Dominikaner, welche die Thomasprofessuren übernommen haben. In Deutschland aber stehen heute die sich auf die verschiedensten philosophischen Disciplinen erstreckenden Lehrbücher von Gutberlet im Vordergrund. Vor ihm hatte sich besonders Gloßner z. B. durch eine Darstellung der gegenwärtigen deutschen Philosophie hervorgethan, worin er dem bekannten Schauerbilde von dem Zerfall der protestantischen Kirche ein dasselbe beinahe noch überbietendes Gegenstück zur Seite stellte. „Allerdings kann der neueren Philosophie ein gewisses Leben nicht abgesprochen werden. Aber das Leben, das sie führt, ist jenes, das sich im Cadaver entwickelt, wenn der Zersetzungsproceß eintritt und der höhere Organismus niederen Organismen zur Beute wird. Es ist der Proceß der Zersetzung und Fäulniß." „Ich frage Jeden, dessen Denken nicht selbst im Taumelkreis modern philosophischer Anschauungen befangen ist, ob nicht das Studium der Geschichte der neueren und neuesten Philosophie den Eindruck eines Verwesungsprocesses und eines betäubenden Tanzes im verworrenen Widerstreit hervorbringt."

Gloßner und Gutberlet gehören freilich dem Orden persönlich nicht an; aber ihre Hauptmitarbeiter an den beiden eben genannten Jahrbüchern sind Jesuitenpatres. Und welche praktischen Errungenschaften der unter Führung der Jesuiten begonnene Kampf für die wissenschaftliche Alleinberechtigung der Thomistischen Philosophie schon heute erzielt hat, kann man in den Budgetverhandlungen der bayerischen Kammer über die philosophischen Professuren in Würzburg und München studiren. Die hochbezeichnenden Daten darüber finden sich in der Vorrede zu dem letzten Werke Frohschammer's über „Die Philosophie des Thomas von Aquin" (Leipzig, Brockhaus, 1889).

### Erläuterungen zu I.

In seiner Thomasencyklica hat sich Leo XIII. als der gleiche weltausschauende Politiker bewährt, wie in seinen Triumphen über Diplomaten, Hofleute und Parlamentarier. Aber auch dieser Bulle geht eine ähnliche Vorgeschichte voraus, wie sie Friedrich für die Geschichte des vatikanischen Staatsstreiches mit wahrhaft divinatorischem Scharfblick aus zahllosen unbeachtet gebliebenen Einzelbelegen zusammengestellt hat. Wie die Keime des Infallibilitätsdogmas u. A. in der päpstlichen Definition der unbefleckten Empfängnis (1854) und im Syllabus (1864) liegen, so war weiterhin durch die Erklärung der päpstlichen Infallibilität Thomas bereits als der erste „wissenschaftliche" Vertreter dieser Infallibilität aufs Piedestal gestellt worden. Daß er seinerseits zu dieser Lehre durch die gefälschten Ausgaben der Kirchenväter gekommen war, die ihm (durch Urban IV.) von Rom aus zugestellt worden waren, ist ebenfalls nur ein einzelnes Glied in jener endlosen Reihe gefälschter Geschichtsquellen seit Pseudo-Isidor, die Döllinger als Janus in ihren inneren Verband unter einander gestellt hat.

Alsbald nach dem Jahre 1870 begannen denn auch die belgisch-holländischen Jesuiten mit der zuerst in ihren dortigen Schulen systematisch durchgeführten Proclamirung des Thomas als Normalphilosophen. War dies doch die nunmehr zunächst zu erstrebende weitere „Etappe" in ihrem die gesammte geistige Welt umspannenden Feldzuge. Zum Belege dafür darf ich wohl auf die im Jahre 1877 (die Encyklica erschien 1879) erschienene Monographie über die römisch-katholische Kirche im Königreich der Niederlande verweisen. In dem Abschnitt über die Presse ist dort nämlich eine Reihe von auszüglichen Uebersetzungen aus den dortigen, meist von Jesuiten geleiteten Zeitschriften De Katholiek, Onze Wachter, Studien op godsdienstig, wetenschappelyk en letterkundig gebied mitgeteilt. Schon damals war dort durchweg die Parole ausgegeben, daß der heilige Thomas von Aquin das Gegengift wie gegen Luther so gegen Kant sei. Auf deutschem Boden fand ich die gleiche Tendenz zunächst in der kleinen Schrift „Aristoteles in der Scholastik" von dem (damals noch als verborgenes Veilchen blühenden) Eichstädter Schneid (1875). Dieselbe kann nicht nur das Verdienst beanspruchen, den Gegensatz zwischen der Scholastik einer-, dem Humanismus, der Reformation, der modernen Philosophie, dem Jansenismus anderseits klar formulirt zu haben, sondern sie bezichtigt auch schon damals die neueren katholischen Theologen Hermes, Hirscher, Günther, Frohschammer, Michelis insgesammt der „Schmähungen" der Scholastik. Seit dem Erlaß der Thomasencyklica ist Schneid daher auch der zunächst berufene Berichterstatter über die nun rapid aufschießende Thomaslitteratur geworden: zunächst im „Litterarischen Handweiser" von 1881, dann im ersten Jahrgang des „Jahrbuchs für Philosophie und speculative Theologie". Schon diese zweite litterarische Uebersicht mußte die seit der Encyklica von 1879 erschienenen thomistischen Schriften in acht Rubriken einteilen: 1) Einleitende Schriften, 2) Neueditionen thomistischer Werke, 3) Neueste Commentare thomistischer Werke, 4) Schriften über die gesammte Philosophie, 5) Schriften über Logik und Poetik, 6) Naturphilosophische Schriften, 7) Schriften über Psychologie und Theodicee, 8) Schriften über Naturrecht, Ethik und Geschichte der Philosophie.

Die bis dahin unbeachtet gebliebene Vorarbeit des Jesuitenordens auch für diesen „unfehlbaren" Erlaß ist heute schon längst ein Gegenstand seiner Selbstberühmung. Das Gleiche ist nun sogar mit Bezug auf den ersten Beginn der „Campagne" gegen das gesammte moderne Geistesleben der Fall: den Syllabus von 1864. Es wird nämlich mit Stolz constatirt, daß die erste Serie der deutschjesuitischen Zeitschrift „Stimmen aus Maria-Laach" weiter nichts gewesen ist als ein allmählich erscheinender Commentar zu diesem Syllabus (in 12 Heften, unter Leitung des Paters Schrader). Ebenso hat die zweite Serie noch der Vorbereitung auf das vaticanische Concil gedient. Erst seit 1871 ist eine regelmäßig erscheinende Zeitschrift daraus geworden in zwei Jahresbänden zu 10 Heften, so daß mit dem Jahre 1895 schon Band 48 begonnen hat. Dazu sind im Laufe der Zeit ähnliche „Ergänzungshefte" getreten, wie sie später auch von der Redaction der „Christlichen Welt" herausgegeben worden sind. Auch von ihnen waren im Jahre 1892 bereits 14 Bände erschienen. Mit Vorliebe citiren die Freunde der „Stimmen aus Maria-Laach" ein Votum im „Magazin für die Litteratur": „Ueberall da, wo Schwächen und Lücken in den Systemen sich zeigen, weiß sie das Auge des modernen Scholastikers ausfindig zu machen." Es ist dies in der That ein Urteil, welches in jeder Einzelwissenschaft zutrifft.

Die Grundlage für diesen vaticanischen Eroberungskrieg in jeder einzelnen Wissenschaft mußte ebenso naturgemäß in der gemeinsamen Grundlage aller anderen, in der Philosophie, gelegt werden. Dies die gewaltige Bedeutung der Encyklica Aeterni Patris. Daß die Weltherrschaft auch über die Geister erstrebende Ziel derselben ist bereits im zweiten Bande meines Handbuches der Geschichte des Katholicismus (1883), S. 157—159 und 778—780 in den eigenen Worten des Papstes nachgewiesen und an der sofortigen Stellungnahme des Jesuitengenerals Beck wie nach den einschlägigen Arbeiten von Reinkens, Knoodt, Baumann, Holtzmann im Einzelnen dargelegt worden. Im Anschluß daran konnte dann die neue Ausgabe von Hagenbach's mittelalterlicher Kirchengeschichte (1886) den ebenso plötzlichen wie massenhaften Zuwachs der einschlägigen Literatur aufweisen. Aber erst im Jahre 1887, mit der fast gleichzeitigen Begründung der beiden philosophischen Jahrbücher, trat der Neuthomismus vollgerüstet in die wissenschaftliche Arena.

Die genaueren Einzelbelege für das lawinenhafte Wachstum der — auf protestantischem Boden und zumal unter unseren Philosophen noch so wenig beachteten — „Zukunftsphilosophie" sind darauf in der aus dem „Theologischen Jahresbericht" über das Jahr 1887 erwachsenen Schrift „Katholisch oder Jesuitisch?" niedergelegt worden. Ich darf derselben aber nicht nochmals gedenken, ohne ein Wort dankbarer Erinnerung an denjenigen, der die Anregung zu dieser Arbeit gegeben, meinen unvergeßlichen Collegen Lipsius. Als derselbe nach dem frühen Tode seines trefflichen Schülers Pünjer die Redaction des Jahresberichts übernahm, hat er zugleich die neue Rubrik der erſt werdenden Disciplin der vergleichenden Confeſſionsgeſchichte unter dem Namen „Interconfeſſionelles" begründet. Bei der Vorarbeit für das Jahr 1887 hat er ebenfalls ſeinerſeits zuerſt auf die ſich ſo auffällig vermehrende Thomaslitteratur aufmerkſam gemacht: als auf eine für die nachvaticaniſche Kirche überaus charakteriſtiſche Erſcheinung. Er wünſchte dieſelbe daher auch im Theologiſchen Jahresbericht mit berückſichtigt. Ich habe mich anfangs gegen dieſe Ausdehnung auf das außertheologiſche Gebiet geſträubt, ihm aber ſchon bald nicht nur in dieſem Punkte zuſtimmen müſſen, ſondern nun auch die Notwendigkeit erkannt, der Nachwirkung des Neuthomismus auch in den übrigen wiſſenſchaftlichen Gebieten in ihrem inneren Zuſammenhange nachzugehen. Denn es werden nicht nur für alle Einzelfragen ſämmtlicher philoſophiſchen Disciplinen die Conſequenzen der päpſtlichen Vorſchriften für das menſchliche Denkvermögen gezogen, ſondern es handelt ſich nach dem eigenen Ausdrucke eines der Führer des Neuthomismus geradezu um ein „Umdenken" des bisher Gedachten, um eine „Umkehr der Wiſſenſchaft" im denkbar umfaſſendſten Maßſtab.

Nach der infalliblen Kathedral-Bulle von 1879 iſt es nicht mehr geſtattet, etwa dieſes oder jenes unbequeme Stück im Thomismus auszuſcheiden. Mehr als einmal hat der Papſt ſelbſt es ſeither mit aller Beſtimmtheit ausgeſprochen, daß ſeine Empfehlung des Thomasſtudiums „nicht nur deſſen Methode oder die Nachahmung ſeiner Erforſchung der Wahrheit im Auge habe, ſondern auch und obenan ſeine Lehre ſelbſt". Es iſt dies ſowohl in dem Brief an den Cardinal de Lucca vom 17. October 1879 wie in dem Motu proprio vom 18. Januar 1880 geſchehen, außerdem auch noch ausdrücklich in Bezug auf Deutſchland in dem Brief an die bayeriſchen Biſchöfe vom 22. December 1887.

Die ſelbſtverſtändlichen Folgen dieſes Vorgehens ſind denn auch, wie für den Bereich der Papſtkirche überhaupt, ſo ſpeciell für Deutſchland nicht lange ausgeblieben. Sogar die Feſtſchrift der eifrigſten Thomiſten Deutſchlands zum Papſtjubiläum von 1887 hat von ihrem welſchen Patron, dem unlängſt verſtorbenen Cardinal Zigliara, den unmißverſtändlichen Tadel erhalten, daß er es „ſchlechterdings nicht verſtehen könne, wie man in jener Beziehung überhaupt noch einen Zweifel hegen könne".

In dem gleichen Jahrbuch aber, dem dieſe Feſtſchrift angehört, wird ſelber wieder das gelehrte (bezeichnender Weiſe im Selbſtverlag des Verfaſſers erſchienene) Werk des Prager Prälaten Jerſch, eines früheren Güntherianers, der ſich jedoch der Autorität des Thomas gefügt hatte, für noch ungenügend im Gehorſam erklärt. Dem Recenſenten genügt es nämlich nicht, „daß der Herr Verfaſſer das, was die Kirche von Günther'ſchen Sätzen verworfen hat, ebenfalls ohne Umſchweife verwirft". Er decretirt wörtlich: „Thomas muß ganz genommen werden oder nichts von ihm."

Die neue Grundlegung der „Philoſophie" iſt zunächſt auf die Erziehung des Klerus angewandt worden. Aber in der üblichen Stufenfolge werden ſeither auch zunächſt die römiſch-katholiſchen Gymnaſiallehrer und Gymnaſialſchüler, ſowie weiterhin auch die Lehrerſeminare und Elementarſchulen nach dem gleichen Syſtem umgebildet.

Wie sicher man sich bereits heute fühlt bei dieser Ueberwindung Kant's durch Thomas, des Protestantismus durch den Papismus, kann uns gerade der jüngste „Apologet" darthun. In Gutberlet's (dem jüngsten Friedensbischof von Fulda zu seiner Consecration gewidmeten) „Apologetik" heißt es in dem Schlußabschnitt über „katholische und protestantische Philosophie" (III, S. 274, 279, 291):

„Der katholische Philosoph κατ' ἐξοχήν ist nach aller Einverständnis der heil. Thomas. Kant's Kriticismus ist der auf das Denken überhaupt übertragene protestantische Subjectivismus. Diese zwei Philosophen stehen aber zugleich an der Spitze des großen Geisteskampfes." .... „Noch genauer gesprochen, ist Thomas der katholische Philosoph, während Kant den Subjectivismus des Protestantismus philosophisch begründet hat und der Philosoph des Protestantismus genannt werden muß." .... „So stellt sich immer deutlicher heraus, daß die beiden großen Heerlager, die in unserer Zeit um die Herrschaft der Welt kämpfen, das eine unter der destructiven, unchristlichen, protestirenden Fahne Kant's, das andere unter der conservativen, heilbringenden, katholischen des heil. Thomas streiten."

In ihrer äußern Erscheinung gleichen die zahlreichen Gutberlet'schen Lehrbücher — über Logik und Erkenntnistheorie, über allgemeine Metaphysik, über Psychologie, über Naturphilosophie, über Theodicee — auffällig denjenigen von Lotze, Wundt, Pünjer u. s. w. Der Student kann sie im Buchladen kaum von den letzteren unterscheiden. Die Tendenz ist aber durchweg die gleiche wie die der Apologetik.

Neben den Gutberlet'schen Arbeiten kommen auch heute noch diejenigen von Gloßner in Betracht. In der Litteraturübersicht über das Jahr 1887 ist besonders seiner Controverse mit dem Jenaer Philosophen Eucken näher gedacht. Eucken ist bis heute ziemlich der einzige protestantische Fachmann, der neben den katholischen Philosophen Frohschammer, Michelis, Huber, Knoodt, Weber die principielle Bedeutung der neuthomistischen Bewegung für die philosophische Zukunftsarbeit erkannt hat.

Können wir uns aber bei dieser Sachlage noch wundern über das Triumphgefühl, von welchem die Vertreter des Neuthomismus beseelt sind? und wie sie einerseits die auf den Hegel'schen Rausch folgende Zurückdrängung der Philosophie durch die naturwissenschaftliche Empiristik in Erinnerung rufen, andererseits auf die im Spott über die officielle Universitätsphilosophie unter sich einigen, wenn auch sonst noch so wechselnden Tagesmoden hinweisen, die durch die Reihenfolge Schopenhauer, Hartmann, Nietzsche charakterisirt werden? Unsere fachmäßig berufenen Philosophen werden daher den Herren Jesuiten nur dankbar sein können, wenn dieselben sie auf dasjenige hinweisen, was in Zukunft gerade ihnen als Zukunftsaufgabe gestellt wird. Genau ebenso aber werden wir auch auf jedem andern Einzelgebiete dem Orden das gleiche Verdienst zugestehen müssen wie der Janssen'schen Geschichtsconstruction: daß er uns (nach Analogie des advocatus diaboli bei den päpstlichen Heiligsprechungen) überall gleich sehr auf unsere schwachen Punkte aufmerksam macht.

## II. Naturwissenschaft.

Daß auch die Naturwissenschaft von einer unfehlbaren kirchlichen Autorität abhängig gemacht werden soll, mag demjenigen, der die päpstlichen Zukunftserwartungen nicht kennt, schlechterdings unglaublich erscheinen. Aber warum sollte das, was bei der Philosophie mit so glänzendem äußeren Erfolge gewagt worden ist, bei der Naturwissenschaft seinen Dienst versagen? Die Thomas-Encyklica „Aeterni patris" nimmt denn auch rückhaltlos für beide Gebiete das Gleiche in Anspruch. Und es hat auch hier nicht lange gedauert, bis wiederum die bei jener Bulle so besonders beteiligten Jesuiten eine einschlägige Literatur geschaffen haben, deren Umfang schon lebhaftes Erstaunen erwecken muß, die aber auch in ihrem Inhalt die höchste Beachtung verdient.

Obenan kommt darunter das schon in der Schrift „Katholisch oder Jesuitisch?" eingehend gewürdigte, seither in zweiter Auflage erschienene Werk von Tileman Pesch „Die großen Welträtsel" (I. Bd.: Philosophische Naturerklärung, II. Bd.: Naturphilosophische Weltauffassung) in Betracht. In der ersten Auflage ist diese „Naturphilosophie" eine Umarbeitung des zweiten Teils der Philosophia Lacensis gewesen. Der Verfasser bestimmt selber den Unterschied beider dahin: „Bei dem lateinischen Werke war der Gebrauch der „Schule" maßgebend, dem Wesentlichen nach wurde jene Ordnung innegehalten, welche von jeher in der Schule üblich war." In dem deutschen Werke sollen dagegen die Fragen so aufgegriffen werden, wie sie in der Gegenwart thatsächlich gestellt werden. Die von dem Verfasser beabsichtigte Umgestaltung der Naturwissenschaft ist mit einer Allseitigkeit, die auch das kleinste Detail nicht übergeht, in Angriff genommen. Zugleich aber hat man es mit einem Buch aus einem Guß zu thun, welches auch bei der größten Fülle der Einzelerscheinungen nie den Endzweck aus dem Auge verliert. Ebenso wenig läßt sich das große Geschick verkennen, mit welchem auch hier — übrigens genau nach demselben Recept, wie bei Geschichtsforschung und Philosophie — jede Aeußerung der modernen Naturforscher, die wirklich oder scheinbar eine Blöße bietet, herausgesucht und triumphirend verwertet wird.

Wir begegnen denn auch gerade bei Tileman Pesch wieder dem gleichen höhnischen Spott über die „führende Wissenschaft", wie in dem Triumph über den Cadaverzustand der Philosophie. Der Verfasser führt überdies die Notwendigkeit seines Buches ausdrücklich darauf zurück, daß „ein dämonisch hochmütiger Zeitgeist bei seinem Kampfe gegen die Wahrheit in tendenziös gefälschter Wissenschaft seine hauptsächlichste Stütze sucht und zum Teil auch findet". Neben einander werden dann Haeckel, Tyndall und Schleiermacher vor Gericht gestellt. Das ergreifende Sendschreiben des Letzteren an Lücke mit seinem prophetischen Hinweis auf die Zukunftsbedeutung der Naturwissenschaft wird von Pesch als der Beweis für „ein durch den revolutionairen Subjectivismus zum Tod verwundetes Christentum" bezeichnet.

Tileman Pesch ist überdies identisch mit dem pseudonymen Gottlieb, welcher die „Hamburger Briefe" und den „Krach von Wittenberg" auf seinem Gewissen hat. Derartige unsaubere Schreibereien fallen natürlich völlig außerhalb jener Grenzen des wissenschaftlichen Bereichs, die ich mir heute gesteckt habe. Aber für den in dem wiederhergestellten Orden gepflegten Geist ist es allerdings in hohem Grade charakteristisch, daß sogar einer seiner ersten Gelehrten zu so unwürdigen Dingen sich hergiebt.

Um nicht zu viele Büchertitel zu häufen, darf hier wohl auf das Verzeichnis der älteren Schriften von Tileman Pesch in dem Buche „Katholisch oder Jesuitisch?" verwiesen werden. An dem gleichen Orte sind auch die bis dahin erschienenen naturwissenschaftlichen Arbeiten der Patres Dressel und Epping zusammengestellt. Wie in dem alten Orden, so finden sich ferner auch heute wieder hervorragende Mathematiker und Astronomen unter den Jesuiten. Neben dem älteren Secchi verdienen als solche von deutschen Ordensgenossen noch Braun und Hagen Erwähnung.

Die interessanteste Erscheinung in der im Jahre 1887 zu beachtenden Litteratur bestand jedoch neben der Begründung der beiden philosophischen Jahrbücher in dem gleichzeitig beginnenden Jahrbuch der Naturwissenschaften. In wie überaus geschickter Weise die Tendenz desselben verhüllt ist, ist in „Katholisch ober Jesuitisch?" enthüllt. Unter den Angriffen auf die daselbst gebotenen Nachweise hat auch der Spott nicht gefehlt, daß ein so unschuldiges, rein dem Fortschritt der Naturforschung ohne irgend welche Nebenabsicht dienendes Werk mit den vaticanischen beziehungsweise jesuitischen Tendenzen in Verband gebracht worden sei. Nun, heute sind wir in der Lage, durch ein jesuitisches Zeugnis selbst die Art der Industrie des Ordens auf naturwissenschaftlichem Gebiete zu illustriren. Es findet sich in der im Verlag der Berliner „Germania" erschienenen, auf den hohen Bundesrat berechneten kleinen Schrift „Jesuitenwissenschaft und Gelehrsamkeit, beleuchtet von einem Wahrheitsfreunde". Unter der Rubrik 8 (Naturwissenschaft und Mathematik) wird zunächst auf die große Zahl einschlägiger Artikel in den „Stimmen aus Maria=Laach" und in „Natur und Offenbarung" hingewiesen und dann auf die gleichen Namen, die mein im Jahre 1887 zusammengestelltes Verzeichnis enthalten hatte. Noch unbekannt ist mir dagegen Pater Kemp als Naturforscher gewesen. Weiter aber muß ich zu meiner tiefen Beschämung gestehen, daß ich von der epochemachenden Bedeutung des auf einer vollen Seite behandelten Pater Erich Wasmann noch immer nicht die rechte Vorstellung gehabt habe. So habe ich mich denn auch gerne dahin belehren lassen, daß „P. Wasmann in vielen geistvollen Artikeln in verschiedenen Zeitschriften sehr wertvolle Beobachtungen aus dem Gebiet der Tierbiologie niedergelegt hat". Und weiter: „Auf dem Gebiet der Ameisenkunde ist der kleine Pater die größte Autorität und wird als solche von protestantischen Entomologen und Universitätsprofessoren anerkannt". Es steht wörtlich so da: „von protestantischen Entomologen und Universitätsprofessoren". Dann folgen die Titel der 1882—1891 erschienenen Schriften über den „Trichterwickler", über die Gattungen Atemeles und Lomechusa, über die Ameisen= und Termitengäste und über Ameisennester und =Colonien. Dem schließen endlich noch mehrere auszügliche Recensionen sich an. Und um die Reclame recht wirksam zu machen, werden sogar die Herren Recensenten selbst in sie eingeschlossen. So wird ein Artikel im „Humboldt" von 1890 von dem Züricher Forell damit eingeläutet, daß dieser als der „weit über die Grenzen der Schweiz hinaus rühmlich bekannte Professor Dr. A. Forell in Zürich" bezeichnet wird.

Bei der Rundschau über die von dem Jesuitenorden geleitete systematische Bekämpfung der Naturwissenschaft durch den Baticanismus darf vielleicht auch der Proceß Hamann-Häckel erwähnt werden. Demselben stehen nämlich bereits zahlreiche Parallelen aus den anderen Fachwissenschaften zur Seite, und in die Classe der bei jenem Kampf eine so große Rolle spielenden „Convertiten" gehört der von der Schule Häckel's zur Mitarbeit an der klerikalen Presse übergegangene Hamann ebenso gut, wie der als „alter Lutheraner" paradirende Pater von Hammerstein.

### Erläuterungen zu II.

In Wirklichkeit ist Thomas unter den mittelalterlichen Scholastikern gerade derjenige, welcher — zumal im Unterschied von seinem unbefangeneren Lehrer Albertus Magnus — den Weg der Naturbeobachtung, soweit an ihm lag, für die Zukunft versperrt hat. Die bekannte Erzählung, wie Thomas den Anthropoiden (Automaten) seines Lehrers, an welchem dieser 30 Jahre gearbeitet hatte, als Teufelswerk mit dem Stocke zerschlug, symbolisirt das Verhältnis beider zur Naturwissenschaft. Mehr als irgend ein anderer hat daher gerade Thomas den tiefen Verfall der Scholastik in der Periode der Dunkelmänner veranlaßt. Aber es entspricht durchaus der Geschichtskenntnis des zeitigen „Unfehlbaren", den Normalphilosophen zugleich als das Vorbild aller wahren Naturforschung hinzustellen.

Bei unserer summarischen Uebersicht möge es hier abermals gestattet sein, sowohl was die Ausführungen des Papstes persönlich, als was die bis zum Jahr 1887 erschienenen Werke betrifft, auf die Schrift „Katholisch oder Jesuitisch?" zu verweisen. Es sind dort zunächst die einschlägigen Stellen der Encyclica wiedergegeben; sodann aber folgt eine eingehende Charakteristik des in seiner Art bewunderungswürdigen Werkes von Tileman Pesch: „Die großen Welträtsel".

Für die so kühn in Angriff genommene Umgestaltung der Naturwissenschaft kommt demselben zweifellos die gleiche Führerrolle zu wie dem Prälaten Janssen für die deutsche, dem Mediciner Nuyens für die holländische, dem Canonicus Bellesheim für die englisch-schottische Geschichte, dem Pater Baumgartner für die Litteraturgeschichte, Herrn von Obercamp für die Jurisprudenz. Man erkennt schon bald, daß es dem Pater Pesch an Mut nicht gebricht, den Stier bei den Hörnern zu fassen. Er bietet das Arsenal für diesen Riesenkampf kühnen Mutes an. Wie er sogar die neueste Speciallitteratur vollständig beherrscht, so ist er auch keinem der brennenden Probleme aus dem Wege gegangen.

Gerade wegen der Maßlosigkeit in den persönlichen Schmähungen (die ja leider durch die ganze Geschichte des Jesuitenordens hindurch seinen Genossen zur zweiten Natur geworden ist) liegt in der offenen Anerkennung dessen, was ein solches Werk thatsächlich geleistet hat, die richtigste Antwort. Eben darum aber habe ich bei allem Gegensatz des Standpunktes ein Gefühl von Trauer nicht überwinden können, als es unzweifelhaft wurde, daß der gleiche Mann, der in jenem Werk eine in der That bedeutende Gelehrsamkeit bekundet hatte, wirklich mit dem pseudonymen Gottlieb identisch sei. Es ist ein ähnliches frappantes Herabsteigen, wie es sich bei dem Vergleich zwischen der ersten (vorvaticanischen) und der zweiten (nachvaticanischen) Auflage der Ratzinger'schen „Geschichte der kirchlichen Armenpflege", des bekannten Gegenstückes zu Uhlhorn's „Geschichte der christlichen Liebesthätigkeit", herausstellt. Ein weiteres ähnliches Beispiel findet sich in der Stufenfolge der ursprünglich wirklich gelehrten, dann aber immer mehr popularisirten und schimpfenden reformationsgeschichtlichen Studien des böhmischen Pfarrers Vinzenz Hazal.

Um Verwechslungen von vornherein vorzubeugen, mögen schon hier die drei verschiedenen Patres Pesch, welche sich in dem heutigen Orden litterarisch hervorgethan haben, neben einander gestellt werden. Tileman Pesch (aus Köln) ist nämlich zunächst Christ. Pesch aus Mülheim am Rhein zur Seite getreten, der sich besonders durch die Arbeit über den „Gottesbegriff in den heidnischen Religionen des Altertums und der Neuzeit" gekennzeichnet hat. Der dritte im Bunde ist Heinrich Pesch, der zuletzt „die sociale Befähigung der Kirche in protestantischer Beleuchtung" (gegen Uhlhorn) geschrieben und überdies auf dem socialen Congreß in München-Gladbach eine Rolle gespielt hat.

Die dem Vorgang von Tileman Pesch seither gefolgten jesuitisch-naturwissenschaftlichen Schriften suchen ausnahmslos die Richtigkeit der Behauptung Leo's XIII. zu erweisen: „Man kann sich kaum vorstellen, welche Kraft, welches Licht, welche Hilfe diese Philosophie (nämlich die des Thomas von Aquin) gerade in Beziehung auf die Naturwissenschaften zu gewähren vermag." Leo zieht damit übrigens nur die ganze und volle Consequenz des vaticanischen Dogmas, insofern ja seither alles dasjenige, was in den infallibeln Erlassen irgend eines früheren Papstes kathedral definirt wurde, auch für die Naturwissenschaft der Zukunft eine ganz andere Bedeutung beansprucht als die erträumten Naturgesetze.

Das den beiden philosophischen und dem historischen Jahrbuch zur Seite gestellte Jahrbuch der Naturwissenschaften hat seine eigentliche Tendenz von Anfang an für Uneingeweihte äußerst geschickt zu verhüllen verstanden. Von der Confession der Herausgeber war nirgends die Rede. In der harmlosesten Weise orientirte die Vorrede des ersten Bandes über die Notwendigkeit eines die ungeheuren Fortschritte der Naturwissenschaften übersichtlich zusammenfassenden Jahresberichts. Die naturwissenschaftliche Objectivität konnte schwerlich noch weiter getrieben werden, als daß die Totenschau alles andere verzeichnete, nur nicht den Confessionsstand der Gestorbenen. In wirklich rührender Weise hatte überdies die Herder'sche Verlagshandlung dafür gesorgt, daß keiner der mit ihrem sonstigen Vertrieb nicht bekannten Leser auf den Charakter desselben aufmerksam werden konnte. So sorgsam war jedes, die Tendenz der Bücher verratende Anzeichen vermieden, daß sogar in dem Titel des Buches des Paters Kolberg: „Nach Ecuador" das gerade bei diesem Buch sonst niemals vergessene „S. J." hinter dem Namen eliminirt war. Auch die Namen des Herausgebers und der Mitarbeiter konnten die Tendenz um so weniger verraten, da sie damals insgesammt homines novi waren. Höchstens konnte es auffallen, daß vier von den dreizehn Namen uns nach Münster i. W. verwiesen, während daneben Freising, Lüdinghausen, Oplanden, Metz, Malmedy insgesammt weniger in der Naturforschung als in der kirchlichen Geographie genannt zu werden pflegten. Aber damals war es noch inopportun, die auch in den Naturwissenschaften angestrebte Führung des Jesuitenordens vor der Oeffentlichkeit zuzugestehen. Heute hat der Uebermut der jesuitischen Reclame jene Vorsicht für überflüssig erachtet.

## III. Jurisprudenz.

In fast noch höherem Grade, als für Philosophie und Naturwissenschaft, ist bei der Jurisprudenz die grundlegende Bedeutung des Thomas von Aquin, beziehungsweise seiner staatsrechtlichen Theorien, zu Tage getreten. Es kann daher an sich keine Verwunderung erregen, wenn wir den gleichen Orden, der, wie bei dem Infallibilitätsdogma, so bei der Thomasbulle Gevatter gestanden hat, zur Zeit eifrig bemüht sehen, für diese Theorien Propaganda zu machen.

Die bisherigen jesuitischen Schriftsteller auf diesem Gebiete scheinen gegenwärtig durch den Namen Cathrein's überschattet zu werden. Seine Darstellung der „Aufgaben der Staatsgewalt und ihrer Grenzen" ist der classische Ausdruck für die thomistisch-jesuitische Unterjochung des Staates durch die Kirche. Cathrein hat so recht die Brücke von der Philosophie des Thomas zu seiner Jurisprudenz geschlagen. Und in wie weite Kreise seine Ansichten schon heute vorgedrungen sind, zeigt sich bei seiner Schrift über den Socialismus (einer „Untersuchung seiner Grundlagen und seiner Durchführbarkeit", deutsch in fünf Auflagen erschienen, außerdem französisch, spanisch, englisch, italienisch, vlämisch) ebensosehr, wie an seiner „Sittenlehre des Darwinismus".

Neben Cathrein glauben wir den schon als Mitherausgeber der Philosophia Lacensis genannten Theodor Meyer stellen zu sollen: mit seinen „Grundsätzen der Sittlichkeit und des Rechtes". Der denselben zu Grunde liegende lateinische

Band jenes Sammelwerks hat auch in der seiner Zeit so großes Aufsehen machenden Demütigung des Herrn von Ihering vor dem Herrn Caplan Hohoff eine Rolle gespielt.

Es kommen ferner die beiden Innsbrucker Grisar und Nilles nebeneinander in Betracht, von denen der erstere auch als „Germanus" schreibt.

Ich darf dabei wohl zugleich einschalten, daß schon die lehrreiche Schrift über: „Die kirchliche und politische Inquisition" von Theophilus Philalethes ebenfalls deutlich ihren jesuitischen Ursprung verriet. Statt der bis dahin üblichen Hefele'schen Vertuschungskünste, welche die Inquisition aus einer kirchlichen zu einer staatlichen Anstalt machen wollten, ist hier zum ersten Mal auf deutschem Boden — man zählte damals noch das Jahr 1875 — wieder ganz offen das Loblied der Inquisition gesungen worden. Und dem pseudonymen Verfasser trat alsbald auch unter seinem eigenen Namen der Jesuitenpater Bauer in den „Stimmen aus Maria-Laach" (1876, S. 148 ff.) zur Seite.

Wir dürfen weiter auch den (sowohl von dem Naturforscher Tileman Pesch, wie von dem Religionsphilosophen Heinrich Pesch zu unterscheidenden) Pater Christ. Pesch gerade in dieser Rubrik nicht vergessen: wegen seiner Arbeit über „Die christliche Staatslehre nach der Encyklica vom 1. November 1885".

In den gleichen Zusammenhang stellt sich ferner der Vortrag von Viktor Kolb über „Freiheit und Gesetz" (auf dem Congreß der Leogesellschaft in Salzburg am 30. Juli und 1. August 1894 gehalten).

Auch eine der Hoensbroech'schen Arbeiten, die über den „Kirchenstaat in seiner dogmatischen und historischen Bedeutung" muß um der zu Grunde liegenden staatsrechtlichen Theorie willen schon hier mit herangezogen werden.

Die Hoensbroech'schen Schriften werden ja nun freilich bei seinen früheren Genossen gleich den älteren Werken Döllinger's in Zukunft zu denjenigen gehören, welche man nur noch zur Bekämpfung des Verfassers benutzen darf. Um so mehr ist dagegen der den umgekehrten Weg gegangene

Herr von Hammerstein zum besonderen Liebling der jesuitenfreundlichen Reclame geworden. Im Vergleich mit den Pesch oder mit einem Baumgartner ist er allerdings gründlich unbedeutend zu nennen, und seine Schriften sind im Gegensatz zu den Werken jener von einer wahrhaft erschreckenden Gedankenarmut. Seitdem aber seine „Erinnerungen eines alten Lutheraners" ihn als Typus eines „Bekehrten" verwerten ließen, ist er mit Vorliebe für das, was die Jesuiten „Apologetik" nennen, gebraucht worden, während es schlecht und recht unter das Gericht des Herrenwortes Matthäi 23, 15 gestellt werden muß. Als „Edgar" und „Winfried", als „Sincerus" und „Meister Breckmann", in den „Gottesbeweisen" und gegen „das preußische Schulmonopol" begegnet er uns in den verschiedenartigsten Gewändern. Unter den Reclamen für seine Schriftstellerei ist die schönste wohl die, im „Meister Breckmann" sei eine Bearbeitung des im Edgar enthaltenen Stoffes „für das gewöhnliche Volk" gegeben. Um vieles bezeichnender jedoch als diese „apologetischen" Leistungen Hammerstein's muß seine Behandlung von „Kirche und Staat vom Standpunkt des Rechts" genannt werden.

Unsere kurze Uebersicht der litterarischen Leistungen muß leider die bereits mit erschreckender Klarheit zu Tage tretenden praktischen Errungenschaften außer Betracht lassen, welche dieser neuscholastische „Standpunkt des Rechts" in Gesetzgebung und Rechtsprechung schon heute erzielt hat. Daneben verlangt die neuere ausländische Forschung über die Inquisitionsgeschichte schon lange eine systematische Beachtung. Daß es aber speciell die Gesellschaft Jesu ist, welche auch für die Umgestaltung der gerichtlichen Praxis die Führung übernommen hat, zeigt der von dem (seither in den Orden selbst eingetretenen) Münchener Domcapitular von Obercamp begründete „katholische Juristenverein". Zumal der Vergleich der von diesem Verein herausgegebenen „Juristischen Rundschau für das katholische Deutschland" mit den ersten Jahrgängen der — zuerst blos zur Unterstützung des Syllabus von 1864 in's Leben gerufenen — „Stimmen aus MariaLaach" ist überaus lehrreich für das seither Erreichte.

### Erläuterungen zu III.

Mit der Aufzählung der juristischen Arbeiten der in dieser Rubrik thätigen einzelnen Jesuiten ist die diesem Abschnitt gestellte Aufgabe erst zum kleinsten Teile erfüllt. Obenan kommt es auch hier darauf an, die den Sieg über den modernen Rechtsstaat anstrebende Rechtsanschauung auf ihre wissenschaftliche Quelle zurückzuführen: d. h. abermals den heiligen Thomas. Neben der bereits sub I angeführten Frohschammer'schen Monographie hat speciell das gründliche Baumann'sche Werk über die Staatslehre des Thomas seither eine noch viel höhere Bedeutung gewonnen, als bei dem Erscheinen desselben geahnt wurde. Das Gleiche gilt von dem prägnanten Vortrage Holtzmann's. Auf beides ist bereits in der „Geschichte des Katholicismus" verwiesen. Aber auch an diesem Ort darf ein kurzer Nachweis über den Zusammenhang der thomistischen Jurisprudenz mit seiner Philosophie nicht fehlen.

Als Hebel für die hierarchische Wendung, die Thomas seinen Philosophemen gegeben hat, benutzt er den Satz vom übernatürlichen Ziele des Menschen, auf dem seine ganze Unterscheidung natürlicher und offenbarter Wahrheiten beruht. Läge das Ziel des Menschen in ihm selbst, so müßte auch das Ziel des staatlichen Regimentes lediglich im Gemeinwohl, in der Production eines möglichst gesteigerten Maßes von Gütern liegen, dann würde auch der König allein die Staatssouveränität repräsentiren. Nun liegt aber das Ziel des Menschen außer ihm, jenseit seiner Natur, in der übernatürlichen Seligkeit. Folglich müssen die Könige den Priestern folgen, als den Sachverständigen auf dem Gebiete des Uebernatürlichen, als den des letzten Zieles allein kundigen, somit auch bezüglich der einzuschlagenden Richtung allein orientirten und urteilsfähigen Personen. Das priesterliche Amt aber concentrirt sich im Papste. Also müssen dem, welchem die Fürsorge für das letzte Ziel zukommt, diejenigen unterthan sein, welchen die Fürsorge für die vorausgehenden Ziele zukommt. So die Begründung der päpstlichen Allgewalt über die Fürsten. Eben damit sind aber auch alle anderen Consequenzen derselben gegeben, welche Thomas nicht minder rückhaltlos zieht. Die weltliche Gewalt ist der geistlichen durchweg untergeordnet, wie der Körper der Seele. Ein Fürst, welcher vom Glauben abfällt, verliert eben damit Macht und Würde, und die Unterthanen sind ipso facto des Eides der Treue entbunden. Rückfällige Ketzer sind als erwiesene Rebellen mit dem Tode zu bestrafen. Wohl kann die Kirche, um Anstoß oder Uneinigkeit oder größere Gefahr zu vermeiden, diese heiligen Grundsätze zeitweise nach der einen oder anderen Seite außer Thätigkeit setzen; nie aber darf sie dieselben vergessen oder gar aufheben.

Schon durch das vaticanische Dogma waren die auf Thomas gestützten ketzergesetzlichen Kathedralerlasse der Päpste der Unfehlbarkeit teilhaftig geworden. Der Thomasbulle sind die geradezu epidemisch gewordenen Religionsprocesse des letzten Jahrzehnts gefolgt. Es handelt sich bei denselben längst nicht mehr um sporadische Einzelerscheinungen. Wie sie vielmehr von einem einheitlichen Mittelpunkt angeregt wurden, so erstreben sie eine systematische Umgestaltung zunächst der Rechtsprechung und sodann der Gesetzgebung selber. Die

Anfänge dazu sind bereits wieder in dem Abschnitt über die infallibilistische Jurisprudenz in „Katholisch oder Jesuitisch?" gekennzeichnet, außerdem in den beiden Specialschriften über die Thümmel'schen Religionsprocesse und in dem Bonner Vortrag über „Die jüngsten Religionsprocesse und die ihnen zu Grunde liegende Rechtsanschauung". Auf das dort beigebrachte Material verweisend, beschränke ich mich hier auf die Einordnung auch dieses Einzelgebiets in das für alle Wissenschaften grundlegend gewordene Infallibilitätsdogma. An Nachweisen über die daraus für die Zukunft erwachsenden Consequenzen hat es weder vor, noch nach dem Concilsjahr gefehlt. Wir erinnern nur an die Schriften der Canonisten Schulte (Die Macht der römischen Päpste über Länder, Völker, Fürsten und Individuen) und Berchtold (Die Bulle Unam sanctam, ihre wahre Bedeutung und Tragweite für Kirche und Staat), sowie diejenigen der katholischen Theologen Weber (Staat und Kirche nach der Zeichnung und Absicht des Ultramontanismus, meist in Uebersetzung der Darlegungen des Jesuiten Liberatore) und Buchmann (Unfreie und freie Kirche). Je mehr die von ihnen vorausgeschauten Folgen des neuen Dogmas zur Wirklichkeit werden, um so höher ist ihr Wert für die Zukunft zu veranschlagen. Nicht minder aber auch der jener ausländischen Werke, welche den correct jesuitischen Standpunkt schon zu einer Zeit vertreten haben, als dieser in Deutschland noch für inopportun galt. So der Holländer Joan Bohl: „Die Religion vom politisch-juridischen Standpunkte", und die (in „Katholisch oder Jesuitisch?", S. 53 flg. charakterisirten) französischen bezw. belgischen Schriften und Zeitschriften mit ihrem tiefen Mitgefühl für die armen Inquisitoren und ihrem glühenden Haß gegen die Opfer derselben.

Aber bei der Untersuchung der Ursachen der heutigen Lage müssen wir sogar noch weiter zurückgehen: über das Vaticanum rückwärts bis auf den Syllabus. Denn sofort nachdem in diesem Syllabus der Fühler ausgestreckt worden war, wie viel das restaurirte Papstthum der Gegenwart bieten dürfe, haben die „Stimmen aus Maria-Laach" auch mit der Uebertragung seiner Fluchformeln in positive Rechtssätze begonnen. Wie bezeichnend ist es nicht, in der jesuitenfreundlichen Berichterstattung über diese Zeitschrift ausdrücklich zu lesen: „Kirchenrechtliche Fragen werden, abgesehen von der über den Syllabus handelnden ersten Serie der Laacher Stimmen, in vielen Artikeln dieser Zeitschrift behandelt." Die erste Serie, aus der das Ganze erwachsen ist, wird durch dieses charakteristische „abgesehen" ja gerade als specifisch „kirchenrechtlich" bezeichnet. Und das ist denn auch durchweg der Fall.

Wer von den seitherigen Erfahrungen aus auf diese — dreißig Jahre hinter uns liegenden — Anfänge zurückblickt, wird den Scharfblick Bluntschli's bei dem Erscheinen des Syllabus bewundern. Und schon zwanzig Jahre vor ihm hatte ein anderer, streng conservativer Jurist, Otto Mejer, seine gründlichen Studien über das Rechtsprincip der Propaganda mit einem ähnlich klaren Blick in die werdenden Dinge begonnen. Welch schmerzlicher Contrast zwischen ihnen und dem gefeierten Herrn von Jhering!

Die schwere Niederlage Jhering's gegenüber dem Caplan-Journalisten Hohoff führt sich in erster Reihe wieder auf die bis dahin übliche Nichtbeachtung des Thomismus zurück.

Das offene Eingeständnis, daß er über Dinge abgesprochen, von denen er nicht das ABC konnte, kann man gerade einem so berühmten Manne nur zur Ehre anrechnen. Anders steht es aber mit der Entschuldigung, die er für seine persönliche Unwissenheit vorgebracht hat. Bei der großen Bedeutung der damaligen Controverse, deren sehr zerstreute Acten nur wenigen im Zusammenhang zugänglich sind, möge hier zunächst der Wortlaut der Jhering'schen Erklärung (Der Zweck im Recht, II. Bd., II. Aufl. S. 161/2 Anm.) in Erinnerung gerufen werden: „In der gegenwärtigen Auflage mache ich zum Texte (über Leibniz) einen Nachtrag, den ich der Besprechung meines Werkes im Litterarischen Handweiser zunächst für das katholische Deutschland, Münster, Jahrgang 23 Nr. 2, durch W. Hohoff, Caplan in Hüffe, verdanke, der mir auch persönlich mit manchen wertvollen Verweisungen auf die katholisch-ethische Litteratur an die Hand gegangen ist. Derselbe weist mir durch Citate aus Thomas ab Aquino nach, daß dieser große Geist das realistisch-praktische und gesellschaftliche Moment des Sittlichen ebenso wie das historische bereits vollkommen richtig erkannt hatte. Den Vorwurf der Unkenntnis, den er für mich daran knüpft, kann ich nicht von mir ablehnen; aber mit ungleich schwererem Gewicht als mich trifft er die modernen Philosophen und protestantischen Theologen, die es versäumt haben, sich die großartigen Gedanken dieses Mannes zu Nutze zu machen. Staunend frage ich mich, wie war es möglich, daß solche Wahrheiten, nachdem sie einmal ausgesprochen waren, bei unserer protestantischen Wissenschaft so gänzlich in Vergessenheit geraten konnten? Welche Irrwege hätte sie sich ersparen können, wenn sie dieselben beherzigt hätte. Ich meinerseits hätte vielleicht mein ganzes Buch nicht geschrieben, wenn ich sie gekannt hätte; denn die Grundgedanken, um die es mir zu thun war, finden sich schon bei jenem gewaltigen Denker in vollendeter Klarheit und prägnantester Fassung ausgesprochen... Die katholische Ethik baut auf dieser Grundlage weiter fort. Der persönlichen Mitteilung des genannten Recensenten verdanke ich die Namhaftmachung eines soeben erschienenen Werkes von P. Theodor Meyer (es ist der naturrechtliche, bezw. moralphilosophische Teil der Philosophia Lacensis), in welchem der Verfasser auch zu meinem Werke Stellung nimmt. Ich meinerseits bin leider nicht im Stande, dasselbe auch in Bezug auf den mittelalterlichen Scholasticismus und die heutige katholische Ethik zu thun; aber wenn mein gegenwärtiges Werk Erfolg haben sollte, so wird er sich auch darin bewähren müssen, daß die protestantische Wissenschaft sich die Förderung, welche sie durch die katholisch-theologische erfahren kann, zu Nutzen macht."

Wie man diese Erklärung Jhering's im Wortlaut vor sich haben muß, um ihre Tragweite zu würdigen, so muß das Gleiche auch bei der Rechtsauffassung des von ihm als Sieger im Streit anerkannten Caplan Hohoff geschehen. Wir haben nämlich in demselben einen Preßcaplan von der aus dem Kulturkampf bekannten Sorte vor uns, dessen „historisch-politische Studien über Protestantismus und

Socialismus" von den ärgsten Verleumdungen der Reformation strotzen. Zugleich aber hat er sich darin — was ihm in der That als Verdienst anzurechnen ist — rückhaltlos zu den Grundsätzen der Ketzerverfolgung bekannt. Er sagt nämlich (S. 173/4) wörtlich: „Wir wollen hier eine ergänzende Anmerkung über Inquisition und Ketzerverbrennung beifügen. Das Einschleppen und Verbreiten der Häresie in einem katholischen Lande ist ein Vergehen nicht blos gegen Gott, sondern auch gegen das christliche Volk und mittelbar gegen den christlichen Staat, und ist daher nicht weniger straffällig, als Mord, Diebstahl, Majestätsbeleidigung, Hochverrat, Verbreitung aufrührerischer Doctrinen oder unsittlicher Bilder straffällig sind; unter Umständen kann jenes erstere wie diese letzteren ein todeswürdiges Verbrechen sein . . . . . Indessen die menschliche Gerechtigkeit hat vielfache Einschränkungen. Nicht am wenigsten wird ihre Ausübung durch die Politik, durch die Regeln der Klugheit bedingt. Wenn gewisse an sich oder auch nur gesetzlich straffällige Handlungen häufig und allgemein werden, oder in der öffentlichen Meinung den Charakter eines Vergehens verlieren, so wird ihnen gegenüber die Justiz ohnmächtig und ihre Anwendung wird unpolitisch. Auf dieser öffentlichen Meinung allein beruht die Zulässigkeit heterodoxer Religionsübung."

Der Triumph des Herrn Caplan Hohoff über den großen Göttinger Juristen ist nicht nur in der deutschen Caplanspresse, sondern auch in den Blättern der römischen Curie selber mit vollem Recht zugleich als Sieg der neuthomistischen Rechtsbegriffe gefeiert. Dies der Grund, daß meine Prorectoratsrede über Infallibismus und Geschichtsforschung an einer so gewichtigen Controverse nicht vorbeigehen konnte. Es ist deshalb dort nach Anführung der eben citirten Worte Hohoff's in jener Beziehung weiter bemerkt: „Dieser selbe Preßcaplan also, der gütig genug ist, uns offen zu sagen, was unsere Nachkommen bei einer Veränderung dieser öffentlichen Meinung, beziehungsweise bei voller Wiederherstellung des religiösen Friedens im Sinne Leo's XIII., zu erwarten haben werden, ist es, welcher in der klerikalen Presse aller Länder als Triumphator über die deutsche Wissenschaft in der Person des Herrn von Jhering aufs Piedestal gestellt werden durfte. Dessenungeachtet würde man es Herrn Jhering nur zur Ehre anrechnen können, wenn er, nachdem er einmal ein falsches Urteil über Dinge abgegeben, die er nicht genügend studirt hatte, die von ihm begangenen Fehler durch offenes Eingeständnis derselben wieder gut zu machen versuchte. Um so weniger aber war es am Platze, wenn er nun gleichzeitig die ihn persönlich treffende Schuld auf andere schiebt, und sich sogar zu dem Satze versteigt: „Mit ungleich schwererem Gewicht als mich trifft der Vorwurf der Unkenntnis die modernen Philosophen und protestantischen Theologen". Wenn Herr von Jhering sich um die einschlägige Litteratur so wenig bekümmert hat, daß er die gründlichen kirchengeschichtlichen Thomasdarstellungen in der protestantischen wie der katholischen Theologie nicht kennt, so hätte ihn wenigstens das eingehende Quellenwerk seines Göttinger philosophischen Collegen Baumann — die geistvolle Studie unseres Collegen Eucken ist allerdings etwas später erschienen — eines Besseren belehren sollen. Oder hat vielleicht in diesem Falle nur die eine Form des Infallibilismus sich vor der anderen, der consequenteren, gebeugt?"

Die Hohoff'sche Verteidigung der Ketzergesetze verrät deutlich genug die Schule der bereits im Texte genannten Jesuitenpatres. Ihr amerikanischer Ordensgenosse Sherman war ihnen überdies schon mit dem Preise der Segnungen der Inquisition vorausgegangen. In Deutschland aber sind wir auf dieser abschüssigen Bahn bereits dahin gekommen, daß ein preußischer Universitätslehrer, der Bonner Professor Schroers, die Definition von der „großartigen Institution mit weisem Organismus und welterrettender Wirksamkeit" aufstellen konnte. Es ist derselbe Schroers, dessen wir an anderem Ort als Vertrauensmann des preußischen Cultusministeriums mit Bezug auf die katholischen Professuren der Geschichte zu gedenken haben. Um so denkwürdiger ist es, daß sogar Schroers' eigener letzter Seminarbericht darüber zu klagen gehabt hat, daß den Studirenden von Convictswegen die Teilnahme an seinen kirchenhistorischen Uebungen erschwert werde.

Für die Rechts- wie für die Geschichtsforschung dürfte es unter so bewandten Umständen in Zukunft kaum eine wichtigere Aufgabe geben, als das nur zu lange schmählich vernachlässigte Studium der Akten der Inquisition.

Um so größer aber ist denn auch das Verdienst der dem gelehrten Amerikaner Lea zu verdankenden zusammenhängenden Geschichte der Inquisition überhaupt und der gleichzeitig durch die belgische Gelehrtenschule von Fredericq an die Hand genommenen Herausgabe ihrer niederländischen Quellen. Fredericq bezeichnet sich dabei selber als einen Schüler des großen Amsterdamer Kirchenhistorikers Moll.

Das gründlichere Verständnis der Inquisitionsgeschichte, das wir von der Einwirkung dieser ausländischen Gelehrten, sowie von dem Vorgange Wattenbach's in Deutschland selbst hoffen dürfen, ist um so unumgänglicher wegen der schlechterdings nicht mehr in Abrede zu stellenden Umgestaltung unserer ganzen Rechtslage seit dem Unfehlbarkeits-Dogma. Als unsere heutigen Gesetze aufgestellt wurden, hat kein Mensch an ein solches Dogma gedacht. Seither ist zunächst der Versuch gemacht worden, es unter den Schutz jener ganz anders gemeinten Gesetzgebung zu stellen. Am 28. Juni 1883 hat das Reichsgericht in Leipzig — in vollem Widerspruch mit der gesammten vorvaticanischen katholischen Theologie Deutschlands — dasselbe als „Teil und unbedingte Folge der ganzen Kirchenlehre" definirt. Der Hinweis auf diese Sachlage in „Katholisch oder Jesuitisch?", bei welchem zugleich der fachmännische Protest Schulte's (in dem amtlichen Altkath. Kirchenblatt vom 5. December 1883) mit zu berücksichtigen war, hat damit geschlossen: „Die Entscheidungen der untergeordneten deutschen Gerichtshöfe sind inzwischen an diesen Ausspruch der höchsten deutsch-rechtlichen Instanz gebunden" (S. 50). Im letzten Jahre haben wir im Elsaß bereits die wiederholte Verurteilung eines evangelischen Pfarrers wegen einer Kritik des vaticanischen Dogmas erlebt, die lange nicht so weit gegangen ist, als seiner Zeit diejenige der beteiligten Bischöfe selber. Welche Rolle überhaupt zur Zeit der unklare §. 166 spielt, darüber ist seit meinen beiden Schriften über die Thümmelprocesse noch eine weitere ziemlich umfangreiche Bibliothek erwachsen.

Der Umdeutung der älteren in ganz anderem Sinn gemeinten Rechtsbestimmungen stellt sich ferner die neue staatskirchliche Gesetzgebung zur Seite. Auch hinsichtlich der letzteren darf (wie bei jener auf die Erklärung Schulte's) auf das Votum eines unserer ersten Kirchenrechtslehrer verwiesen werden. Es ist Hinschius, der über das preußische „Friedensgesetz" vom 21. Mai 1886 sich dahin äußert: „Bei dem vorliegenden sogenannten Friedensgesetz haben die Vertrauensseligkeit und die Eile, dasselbe zu Stande zu bringen, dazu geführt, diesen Gesichtspunkt (daß man nämlich „Friedensartikel" sonst sehr vorsichtig und mit kühler Ueberlegung abzufassen pflegt) außer Acht zu lassen und die gesetzgeberisch-technische Seite der Arbeit mehr als billig zu vernachlässigen. Die Majorität der Herrenhauskommission hat zum Teil unter Führung des Bischofs Dr. Kopp mit Zustimmung der Majorität beider Häuser und bei der Connivenz der Staatsregierung ein Gesetzeswerk hergestellt, welches selbst den Anforderungen, welche man an die gesetzgeberische Technik von Parlamenten zu stellen berechtigt ist, nicht entspricht".

Seit der „Umsturzvorlage" hat das Centrum den Umstand, daß es zur Zeit „die Klinke der Gesetzgebung in seiner Hand hat", erst recht ausgenutzt. Zugleich aber wird der Fehler der Culturkampfgesetze in verstärktem Umfang wiederholt. Damals suchte man sich gegen die Folgen des vatikanischen Staatsstreichs dadurch zu schützen, daß man allgemeine Formulirungen schuf, welche die evangelische Kirche viel schlimmer treffen mußten als die päpstliche. Heute werden, um Schutz gegen die anarchistischen Banditen zu finden, die alten Ketzergesetze der Inquisition nachgeahmt.

Am wichtigsten in der ganzen einschlägigen Litteratur ist daher heute zweifellos die schon im Text genannte „Juristische Rundschau für das katholische Deutschland, herausgegeben durch den katholischen Juristenverein zu Mainz" (vergl. die Inhaltsangabe und Charakteristik der ersten Jahrgänge „Kath. oder Jes.?" S. 48 flg.). Die Rundschau" wie der Verein selbst ist von dem früheren Münchener Domcapitular von Obercamp (schon vor seinem Eintritt in den Orden ein Lieblingsgast des Katwyler Jesuiteninstituts) begründet. Der gewandteste unter den Mitarbeitern für diese „Rekatholisirung" des bestehenden Rechts ist der Breslauer Abgeordnete Porsch. Die Consequenzen des Thomismus mit Bezug auf die Rechtsphäre in Holland waren übrigens schon in der Monographie von 1877 (S. 433 flg.) nach den zuverlässigsten Quellen gezeichnet. Die Einleitung des gleichen Werkes zeichnet zugleich die Art der damaligen Thätigkeit Obercamp's.

## IV. Pädagogik.

Die gleiche Monographie „Katholisch oder Jesuitisch?" welche, ohne noch die jesuitische Litteratur als solche abzugrenzen, doch bereits den gleichzeitigen Anfängen der neuen infallibilistischen Philosophie, Naturforschung und Jurisprudenz hatte nachgehen müssen, hat denselben weiter (S. 67—73) ein umfangreiches Werk über die jesuitische Pädagogik zur

Seite zu stellen gehabt: die neue Ausgabe der „Ratio studiorum" und der „Institutiones scholasticae". In welcher Weise dieser Zweig seiner Thätigkeit nach wie vor seitens des Ordens selber gewertet wird, läßt sich ebenfalls wieder aus der „Jesuitenwissenschaft" entnehmen, wo unsere Rubrik mit den durch ihre rührende Bescheidenheit bemerkenswerten Worten beginnt: „Auf dem Gebiet der Pädagogik sind die Jesuiten von jeher die ersten Autoritäten gewesen". Damit verbindet sich denn auch alsbald wieder eine neue Reclame für denselben Teil des bändereichen Sammelwerkes der „Monumenta Germaniae paedagogica", welcher schon im Jahre 1877 in seiner typischen Bedeutung charakterisirt worden war.

Die drei ersten Bände sind von Pater Pachtler zusammengestellt. Der Schlußband ist im letzten Jahre von dem gleichen Pater Duhr beigefügt worden, dessen historische Methode uns im nächstfolgenden Abschnitte noch näher beschäftigen muß. Neben Pachtler und Duhr ist besonders noch Pater van Acken für die neujesuitische „Reform" der Pädagogik litterarisch thätig gewesen.

An dieser Stelle aber haben wir speciell bei Pater Pachtler stehen zu bleiben. Derselbe hatte schon einige Jahre zuvor eine Schrift über die „Reform unserer Gymnasien" erscheinen lassen. Welche Schilderungen er hier giebt, beziehungsweise welche Forderungen er aufstellt, ist in einer gründlichen Untersuchung von Dr. Bacmeister (in Beyschlag's Deutsch-evang. Bl. Aug. 1888) dargethan worden. Pachtler hat eben von früh an zu denjenigen Polemikern des Ordens gehört, die sich durch ihre besondere Maßlosigkeit abheben. Es ist gewiß bezeichnend, daß von ihm gerühmt werden kann: „Einen Mauerbrecher an den Logentempel hat Pater Pachtler angesetzt in den beiden Schriften: „Der stille Krieg gegen Thron und Altar" und „Der Götze der Humanität". Noch bezeichnender ist jedoch sicherlich die Mitteilung über den Erfolg seiner die jesuitische Reform der staatlichen Gymnasien bezweckenden Schrift: „Sogar preußische Regierungs- und Schulräte haben derselben ungeteilten Beifall gezollt."

Der von Pachtler redigirte Band der „Monum. Germ. paedag." kennzeichnete sich jedoch obenan dadurch, daß sogar in dem umfassenden Litteraturverzeichnisse alle ehrlich wissenschaftlichen Werke einfach unterschlagen waren. Die Leser dieses Werkes sollten ebensosehr vor Zirngiebl und Weicker, als vor Huber und Kelle behütet bleiben. Ein — man kann wirklich nur sagen — echt jesuitischer Weg dazu bot sich in einer unscheinbaren reservatio mentalis bei der Ueberschrift dieses Litteraturverzeichnisses. Dieselbe bezieht sich nämlich blos auf die „häufiger benutzten gedruckten Schriften". Genau die gleiche Ausdrucksweise: „Werke, welche in diesem Bande häufiger benutzt werden" war bereits von dem Mainzer Seminarprofessor Brück in seiner: „Geschichte der katholischen Kirche" benutzt worden. Derselbe hatte auf diese Weise die Möglichkeit gewonnen, mein beinahe gleichnamiges, dieselbe Periode behandelndes Werk, das in einer Litteraturübersicht doch einfach nicht fehlen konnte — mochte es denn auch noch so sehr beschimpft werden — todtzuschweigen. Eben weil die Sache mich persönlich anging, hatte ich damals nicht darauf reagirt. Nun sich aber das gleiche Kunststück anderswo wörtlich geradeso fand, durfte es nicht mehr verschwiegen bleiben. Ob man die Manipulation nun einen gegen die Leser verübten Betrug nennen will, oder ob man in Zukunft dabei besser von einem Jesuitenkniff reden wird, können wir getrost dem Urteil der Herren Jesuiten selbst für die Zukunft anheimgeben.

Denn diesem einen, sei es nun Jesuitenkniff, sei es Betrug, stand noch ein anderer gleichartiger zur Seite. Auf der kurz vorher tagenden Trierer ultramontanen Generalversammlung war eine Resolution angenommen worden, welche die Monum. paedag. den deutschen Katholiken bringend empfahl. Zu dieser Empfehlung hatte man dort in der That allen Grund. Nun aber wurde die betreffende Resolution in eine ganze Reihe von deutschen Zeitungen lancirt mit der Schlußbemerkung: „Herausgeber und Verleger des großen nationalen Unternehmens sind Protestanten!" Die Täuschung, welche durch diese Schlußnote mit Bezug auf die Absicht der Resolution erweckt werden sollte, liegt wiederum auf der Hand. Für „Kirche und Staat vom Standpunkt des Rechts" (siehe oben sub III die Hammerstein'sche Schrift) sind die schon

im Hexenhammer den Inquisitionsrichtern an die Hand
gegebenen und von Loyola mit Virtuosität geübten Täuschungen
anderer ein Bestandteil jenes „göttlichen" Rechts. Auf dieselben hinzuweisen aber gehört zu den gleichen Verbrechen, die
schon den Ketzergesetzen Friedrich's II. von 1227 verfallen sind.
Wieder müssen wir es uns an dieser Stelle versagen,
auch in dieser „pädagogischen" Rubrik die Nachweise aus der
Praxis (zumal hinsichtlich der mehrfachen Versuche gerichtlicher
Processe) denen aus der Theorie zur Seite zu stellen. Dagegen
wird die Natur der neujesuitischen Pädagogik bei der damit
eng zusammenhängenden Erbauungslitteratur wenigstens noch
einigermaßen gestreift werden. Vorher aber verlangt obenan
die Neugestaltung unseres gesammten Geschichtsbildes in der
politischen wie in der kirchlichen Geschichte, sowie die damit
eng zusammenhängende Betriebsamkeit des Jesuitenordens in
Geographie, Philologie und Theologie eine zusammenfassende
Betrachtung.

### Erläuterungen zu IV.

Ueber den wissenschaftlichen Charakter der dicken Pachtler'schen
Sammelbände ist die ernste Kritik einig. Die berufensten Sachkenner,
wie der Universitäts-Curator Schrader, der Gymnasial-Director Weicker,
der seinem Freunde Döllinger ebenbürtige Reusch, hatten sich bereits
eingehend zur Sache geäußert, noch ehe in „Katholisch oder Jesuitisch?"
die dabei mitspielenden echten „Jesuitenkniffe" aufgedeckt wurden.
Der Hinweis auf diese aber hat ebenfalls charakteristische weitere
Consequenzen gehabt. Bisher habe ich über diese Dinge schon deshalb geschwiegen, weil es schließlich doch nur einige wenige von
zahlreichen ähnlichen Versuchen gewesen sind, unbequeme Historiker unschädlich zu machen. Die einzige Antwort auf alle derartigen persönlichen
Erlebnisse hat deshalb darin bestanden, daß ich meinerseits nach wie vor
Personen und Principien auseinander gehalten und die Bekämpfung
der letzteren mit der Anerkennung alles dessen, was bei den Personen
anerkannt werden kann, verbunden habe. Auch die jetzige Schrift
bietet dafür sicherlich Belege genug. Zugleich aber scheint uns nunmehr die rechte Stunde gekommen, auch über die Proceßversuche,
welche die Widerlegung ersetzen sollten, das bisher beobachtete Still-
schweigen zu brechen.

Es ist ein aus dem holländischen Jesuiteninstitut Katwyk
stammender Leitartikel der „Kölnischen Volkszeitung" vom
29. December 1888 gewesen, welcher für die bald folgenden massenhaften persönlichen Angriffe auf das so unliebsam empfundene Buch
die Parole ausgab. Außer zahlreichen anonymen Schimpfartikeln
sind seither die Patres Langhorst und Zimmermann auch mit ihren
Namen hervorgetreten. In jenem Artikel war nun aber überdies

bei Erwähnung des pädagogischen Abschnitts und seiner unangenehm empfundenen Nachweise gesagt: „Hier könnte man klagen." Der Artikel selbst ist, wie gesagt, am 29. December 1888 erschienen. Bereits in der ersten Januarwoche 1889 ist darauf in der That eine Klage bei dem Amtsgericht in Jena gegen mich eingereicht worden. Zwar nicht eine auf Grund von §. 166, aber doch eine wegen Beleidigung. Geleugnet werden konnten die Thatsachen nicht, aber sie als das zu bezeichnen, was sie moralisch waren, schloß eine Beleidigung ein.

Wäre nun die Klage von dem Pater Pachtler gestellt worden, dem ich in dem Bewußtsein der vollen Verantwortlichkeit für diesen Ausdruck seinen „Betrug" vorgerückt hatte, so hätte das wenigstens eine persönliche Entschuldigung gehabt. Das Gleiche wäre bei dem Verfasser jener Reclame der Fall gewesen, welchem die gleiche bewußte Täuschung der Leser nachgewiesen worden war. Merkwürdiger Weise ist jedoch keines von Beidem geschehen. Ich bin vielmehr wegen Beleidigung eines Mannes verklagt worden, der meines Wissens mit beiden Dingen gar nichts zu thun hatte, und an den ich bei der wohl überlegten Wahl jenes Ausdrucks mit keinem Sterbenswörtchen gedacht habe, des Herausgebers der „Monumenta", des Herrn Dr. Kehrbach. Das schließliche Ergebnis des Processes ist selbstverständlich ein freisprechendes gewesen. Daß ich die von mir gegebenen quellenmäßigen Nachweise unbedingt aufrecht erhielt, hat meine Schlußerklärung zu der Rubrik „Interconfessionelles" im nächstfolgenden Jahrgang des Jahresberichts (IX S. 313) gezeigt. Um so weniger läßt sich aber die jener Klage zu Grunde liegende Berechnung bestreiten, dem unliebsamen Kritiker durch diese neue Art von Widerlegung allerlei unvorhergesehene Mühe und Arbeit zu machen und ihn in seinen eigentlichen Arbeiten wenigstens eine Zeit lang lahm zu legen. Zufälliger Weise bin ich auch darüber orientirt, was für einflußreiche und vermögende Hintermänner hinter jenem Proceß gesteckt haben.

Diese letzteren Dinge gehören selbstverständlich nicht vor die Oeffentlichkeit. Anders steht es dagegen mit einem zweiten Proceß, der unmittelbar an den ersten sich anschloß, und dessen Anhängigmachung vorher ebenfalls mit lauttönenden Worten in der „Kölnischen Volkszeitung" angekündigt worden war. In einem andern Abschnitt der gleichen Monographie (über die „Einschmuggelung neujesuitischer Weltanschauung" in die im Uebrigen anders gerichtete Presse) waren ebenfalls allerhand Dinge zu constatiren gewesen, die ein gesunder moralischer Sinn stets Betrug nennen wird, für die ich aber in Zukunft wiederum den Ausdruck „Jesuitenkniff" vorschlagen möchte. Damals hatte ich den Ausdruck gebraucht, daß zur Zeit auch im Buchhandel mit Vorliebe falsche Marken und Stempel angewandt würden. Durch diesen Ausdruck fühlte sich merkwürdiger Weise eine Buchhandlung, die in jenem Zusammenhang gar nicht genannt war, in ihrer Geschäftsehre beleidigt: der Fößer'sche Vertrieb der bekannten Frankfurter Broschüren und Rundschau des katholischen Juristenvereins. Das Sprichwort: „Qui s'excuse, s'accuse", traf wohl auch in diesem Falle zu. Denn der Thatbestand war der folgende gewesen: Bei Anlaß des Luther-Jubiläums hatte jene Buchhandlung (abgesehen von dem in ihren

„zeitgemäßen Broschüren" [1883, I.] enthaltenen Pasquill über „Die Segnungen der Reformation") eine Broschüre ohne jenen Cykluscharakter herausgegeben unter dem Titel: „Auch eine Jubiläumsgabe. Die Berechtigung der Reformation" mit dem Zusatz „von einem protestantischen Theologen". Dieser Zusatz erwies sich schon bei einigermaßen aufmerksamer Lectüre als Unwahrheit. Ich glaube, man dürfte hier sogar sagen: als Lüge; denn der Verfasser erwähnt geradezu seinen späteren Abfall von der evangelischen Kirche. Dabei stand der Inhalt auf gleicher Stufe mit einem in Indien in kanaresischer Sprache erschienenen Flugblatt, das zu noch vollständigerer Täuschung der Leser an seinem Kopfe eines der schönsten Lutherbilder trug und unter dem Text scheinbar genaue Citate, ganz à la Janssen.

Der pädagogische Zweck eines für die Mission unter den Kanaresen bestimmten Flugblattes wird es rechtfertigen, daß ich auch den sich hieran anschließenden zweiten Widerlegungsversuch auf dem Wege eines Beleidigungsprocesses in die pädagogische Rubrik eingereiht habe. Das Ergebnis ist natürlich auch hier das gleiche wie in dem ersten Falle gewesen. Von einigen weiteren Discreditirungsversuchen verwandter Art wird die kirchengeschichtliche Rubrik zu berichten haben.

Bevor wir jedoch von dem zu jenem Erstlingsproceß Anlaß gebenden Pachtler'schen Werke Abschied nehmen, sei schließlich noch beigefügt, daß auch in der Zusammenstellung der „Jesuitenwissenschaft und Gelehrsamkeit" weder die Reclame mit dem „protestantischen Herausgeber und Verleger", noch die mit dem „monumentalen Riesenwerk" fehlt. Ueber die Arbeit von Pachtler's Nachfolger Duhr sind mir bereits verschiedene der üblichen Lobeserhebungen bekannt. Wie die historische Forschung über die Art der Duhr'schen Fabrikarbeit urteilen muß, darüber im folgenden Abschnitt.

Welche Ziele dagegen der Orden selber schon heute auch in der Pädagogik sich steckt, und welche er schon erreicht zu haben glaubte, hat sich bei dem Zedlitz'schen Schulgesetzentwurf nur zu deutlich gezeigt. Für die Durchführung dieses Gesetzes war es dem Centrum als ein nicht zu hoher Preis erschienen, von der Rückkehr der Jesuiten selbst vorläufig noch Abstand zu nehmen. Jener Entwurf ist nun freilich zurückgezogen; aber die Natur des staatlichen Schutzes für überzeugungstreue katholische Pädagogen hat sich zur Genüge schon in den ersten Jahren nach dem Vaticanum enthüllt, als so viele Hunderte katholischer Gymnasiallehrer ihren alten Glauben nicht wie einen Handschuh abzulegen vermochten. Zwei Mal hatten große städtische Gemeinden hochverdiente Altkatholiken zu Directoren gewählt. Beide sind — und es war dies unter dem Ministerium Falk! — nicht bestätigt worden. Im Gegenteil, es folgten nun alsbald die vertrauten Winke, daß eine solche unbequeme Ueberzeugungstreue überhaupt auf keinerlei Carrière zu rechnen habe. Ein Culturkampf, dessen Führer derart auf die Ueberzeugungslosigkeit eine Prämie gesetzt hatten, ist sicherlich von vornherein des gleichen Ausganges wert gewesen, wie der mit der Preisgebung der Hermesianer beginnende Kölnische Kirchenstreit.

## V. Politische Geschichte.

Die geradezu fabrikmäßig betriebene Production auf demjenigen Gebiet, auf welchem nach Döllinger=Janus der Entscheidungskampf zwischen dem Infallibilismus und der unbefangenen wissenschaftlichen Forschung in letzter Instanz entschieden werden muß, ist um so bemerkenswerter, weil im Jahre 1870 auch nahezu alle katholischen Historiker, welche eine über den Rahmen der Partei hinausgehende Stellung gewonnen hatten, sich gegen das ihnen aufgenötigte sacrificio dell' intelletto zu verwahren genötigt waren. Von da an sind darum aber auch diese „altkatholischen" Gelehrten unter allen Gegnern des Jesuitismus am abschätzigsten behandelt, und ihre Werke werden entweder dem gläubigen Publicum unzugänglich gemacht, oder wenigstens nur in der gleichen Weise citirt, wie man den früheren Luther gegen den späteren ausspielt.

Schon Janssen hat die Grundlage zu seinen Studien bei den belgischen Jesuiten in Löwen gelegt. In unserem jetzigen Zusammenhang muß er aber auch darum an oberster Stelle erwähnt werden, weil er nicht nur auch sonst „Schule gemacht" hat (vergl. die Pastor, Diefenbach, Wedewer, Hohoff), sondern weil der Erfolg seines Werkes speciell die Jesuiten ermuntert hat, das gleiche Recept auf das gesammte geschichtliche Studium anzuwenden.

Wie mit den Reformatoren selber zugleich die evangelischen Staatsmänner und Fürsten der Reformationszeit insgesammt der gleichen Verdammnis verfallen, so gilt derselbe leidenschaftliche Haß auch allem, was nachmals aus dem reformatorischen Geiste erwachsen ist: dem modernen Staate und der classischen Dichtung so gut wie der unabhängigen Philosophie und Pädagogik. Vor allem sind es die eigentlichen Heldengestalten der neueren Entwickelung, die wir heute gleich sehr in den Kot gezogen sehen: Wilhelm von Oranien und Elisabeth von England, Gustav Adolf und der Große Kurfürst von Brandenburg, von den Begründern der italienischen und deutschen Volkseinheit gar nicht zu reden. Jeder einzelne von ihnen hat bereits seinen Thersites gefunden. Das Maß der wirklich geschichtlichen Bedeutung einer Persönlichkeit läßt sich nachgerade an dem Grade des Geschimpfes abmessen, welches in der von dem Jesuitengeiste beherrschten Presse über sie ergeht. Dem gegenüber aber sehen wir die Geschichte zugleich als die richtige Mohrenwaschfrau verwertet, wo es sich um das göttliche Recht des Papsttums und seiner Inquisition, oder um einen Philipp II. und seinen Alba handelt. Die berühmten „Rettungen" sind noch nirgendwo so systematisch in Scene gesetzt worden.

Ueber die einzelnen jesuitischen Schriftsteller wird man auch in dieser Abteilung am raschesten orientirt, wenn man der Selbstcharakteristik der „Jesuitenwissenschaft und Gelehrsamkeit" nachgeht. Von älteren Vorläufern werden zwar nur Damberger und Rattinger genannt. Dann aber folgt wieder Pater Ehrle, diesmal wegen seiner „Geschichte der vaticanischen Bibliothek", und Florian Rieß. Auch die schon für die Popularisirung des Syllabus thätigen Patres Schraber und Schneemann fehlen nicht, so wenig wie die Duhr'sche Pombal-Biographie und die über den Dänen Nils Stenson von Plenkers. Letzterer möchte ich noch die jüngste Arbeit des Paters Schmitz über den „Einfluß der Religion auf das Leben im ausgehenden Mittelalter besonders in Dänemark" ergänzend hinzufügen. Denn es ist nicht ohne Interesse, wie genau das gleiche Bild, welches Janssen von derselben Zeitwende in Deutschland gezeichnet hat, auch in Bezug auf Dänemark wiederkehrt.

Die für eine Tageszeitung schon zu große Ausdehnung unserer Uebersicht zwingt uns, uns auch im Weiteren mit einer bloßen Nomenclatur zu begnügen. Sonst müßten die Biographien des St. Galler Landammans Baumgartner von seinem Sohne, sowie des deutschen Parlamentariers v. Mallinckrodt von Pater Pfülf ebenso im einzelnen gewürdigt werden, wie die (von dem Xantener Victorsmünster ausgegangenen) zahlreichen kunstgeschichtlichen Arbeiten Stephan Beissel's und die gleichartigen des jüngeren Dreves.

Um die seitherigen Errungenschaften jener Industrie, welche alle ehrliche Geschichte zu „Geschichtslügen" stempelt,

vollauf zu überschauen, darf man sich freilich nicht mit einem
Bücherverzeichnis begnügen, selbst wenn dasselbe den Jesuiten
die „Germaniker" und ihre sonstigen Schüler zur Seite stellt.
Es müssen vielmehr die schon heute spürbaren Folgen des
für die kluge Politik Leo's XIII. so hochbezeichnenden Erlasses
über die geschichtlichen Studien und der damit ver=
bundenen — teilweisen! — Eröffnung des vaticanischen Archivs
mit denen der Katakombenfunde, des archäologischen
Congresses, der römischen Quartalschrift für christliche
Altertumskunde und Kirchengeschichte zc. in Verband gebracht
werden. Den Zweck von alledem zeigen die päpstlichen Be-
lobungen der „Geschichtslügen" und des Hegelbiographen Pater
Franzelin. Und daß es wiederum die Gesellschaft Jesu und
noch specieller die deutsche Ordensprovinz ist, welche die Geschichte abermals zur Magd der confessionellen Polemik
gemacht hat, sagt uns Leo XIII. selbst in den Worten an
Franzelin: „Der Kampf, den die deutschen Jesuiten mit solchem
Eifer führen, ist notwendig, weil der Protestantismus aus
Deutschland eine Burg des Irrtums und der traurigsten
Vorurteile gemacht hat."

### Erläuterungen zu V.

Zur Zeit macht die specifisch=jesuitische Geschichtslitteratur noch
durchweg den Eindruck von Travestien und Carricaturen. Den besten
Beleg dafür bieten die krampfhaften Reclamen in „Jesuitenwissenschaft
und Gelehrsamkeit". Von Damberger's synchronistischen Tabellen
heißt es hier, sie seien „zu gut bekannt, als daß mehr darüber gesagt
zu werden brauchte". In welchem Sinne sie „bekannt" sind,
brauchen allerdings die „gläubigen" Leser nicht zu erfahren.
Rattinger wird dahin gekennzeichnet, „daß er in mehreren Zeitschriften geschätzte historische Arbeiten veröffentlicht habe". Von
Ehrle's Bibliotheksgeschichte hören wir, daß sie „sogar in Sybel's
Zeitschrift gelobt wurde". Von Schneemann werden die gründlich
veralteten Broschüren über die Entstehung der molinistischen Controverse neu aufgewärmt. Bei der Pfülf'schen Mallinckrodt-Bio-
graphie wird betont, daß „zwei protestantische Blätter (der Mecklen-
burger und das Conservative Wochenblatt) dieses Lebensbild
als ein herrliches Buch bezeichnen". Von den Dreves'schen
Analecta Hymnica medii acri wird speciell notirt, daß der Herausgeber für dieselben einen protestantischen Verleger gefunden habe.
Auch seine Sammlung von Siegelabdrücken wird ebenso wenig vergessen wie seine Schriften zur Gesangbuchsfrage und über Abälard.
Auf dem Rücktitel der alle diese Reclamen häufenden Broschüre
aber werden speciell die „Flugschriften zur Wehr und Lehr"

empfohlen. Es ist die gleiche unreine Quelle, auf welche Terlinden's „Bärenjagd" die jüngste Erneuerung des schnöden Betrugs mit dem von dem Mainzer Jesuiten Becanus stammenden Calvin-Citat zurückführen konnte. Während sich jedoch diese Fabrikarbeit auf solche Weise selbst prostituirt, wird die ernste Geschichtsforschung auf protestantischem Boden, die auch den schlimmsten Gegnern gerecht zu werden sucht, dahin beschrieben: „Das Motiv bei den Protestanten ist Furcht und Angst, Neid und blinder Haß in Folge der Hetzereien gewisser Prediger."

Was aber durch die eigene Arbeit in Geschichtsfragen nicht erreicht werden kann, wird auf den von Leo XIII. unter dem Einfluß der Jesuiten eingeschlagenen Umwegen versucht. Die von dem päpstlichen Erlaß über die geschichtlichen Studien gehegten politischen Hoffnungen sind schon heute guten Teils in Erfüllung gegangen. Die Staatsregierungen haben sich für diese Förderung der Wissenschaft derartig verpflichtet gefühlt, daß schon eine Reihe von Staaten an dem von Pater Ehrle behüteten Archiv ihrerseits Einrichtungen getroffen haben, deren Ausführbarkeit von dem Wohlwollen der päpstlichen Beamten abhängt. Auch die Gelehrten aller Länder, die in den päpstlichen Archiven arbeiten, bedürfen für ihre Studien — und damit für ihre zukünftige Laufbahn — des gleichen Wohlwollens. Mit wie kluger Berechnung die päpstliche Diplomatie sich gerade die „Ketzer" durch solche Freundlichkeit zu verpflichten weiß, haben gleich die Anfänge des restaurirten Papsttums unter der vorbildlichen Leitung Consalvi's bewiesen. Ein charakteristisches Beispiel aus neuester Zeit hat die Untersuchung Gmelin's über den Templerproceß bei dem einschlägigen Werke Schottmüller's ans Licht gezogen. Schottmüller hat allerdings die Auffassung von Prutz über die erwiesene Schuld des Ordens bekämpft; um so eifriger aber hat er die Mitschuld des Papsttums an dem Untergang desselben zu vertuschen gesucht. Der Nachweis Gmelin's über das offen zu Tage tretende Motiv dafür ist überaus bezeichnend.

In welchem Umfang und mit welchem Geschick neben den Archiven auch die Katakomben dem Zweck dienen müssen, den Rom besuchenden Fremden die conceptio immaculata und die päpstliche Unfehlbarkeit als urchristlichen Glauben darzulegen, ist wieder bereits in „Katholisch oder Jesuitisch?" dargethan worden. Am gleichen Ort ist ebenfalls der erste Band der damals eben begründeten Römischen Quartalschrift für christliche Altertumskunde und Kirchengeschichte gekennzeichnet, verbunden mit der weiteren Polemik ihres Redacteurs, des Msgr. de Waal, gegen den Botschaftsprediger Rönnecke. Neuerdings ist unter dem Präsidium des gleichen Msgr. de Waal (dessen Entwicklung zum Historiker a. a. O. genauer geschildert werden konnte) der archäologische Congreß ins Leben gerufen, bei welchem auch andere gleichgesinnte Mitarbeiter der „Quartalschrift" (obenan Hilpert) eine Hauptrolle spielten. Der Congreß hat zum ersten Mal am 20. bis 22. August 1894 in Spalato getagt, während für die nächste Zusammenkunft Ravenna in Aussicht genommen ist. Die protestantischen Gelehrten, die an jener ersten Versammlung teilgenommen haben, sollen entzückt über die liebenswürdigen Prälaten zurückgekommen sein. Ein Bericht der Allgem. ev. luth.

Kirchenzeitung (1894 Nr. 39) hat sich besonders erfreut über die Einladung zu Tisch ausgesprochen, womit der Bischof von Spalato speciell auch die protestantischen Gelehrten beehrt habe, und über die Segenswünsche, mit denen der hohe Herr diese aus Mitgliedern verschiedener Kirchen bestehende Versammlung geschlossen.

Wie lange in Deutschland selbst die staatlichen Universitäten noch ein wissenschaftliches Gegengewicht gegen den infalliblen Vaticanismus zu bilden vermögen, muß schon heute sehr dahingestellt bleiben. In Bayern ist ja bereits mehr als einmal seitens der Kammermajorität den als „katholisch" angestellten Historikern die kirchliche Correctheit ebenso abgesprochen worden, wie den bisherigen „katholischen" Philosophen". Das Budget wurde nur unter der Bedingung bewilligt, daß die zukünftigen Historiker der Hefele'schen Definition des sacrificio dell' intelletto entsprechen. Zugleich hat der „Fall Langen" (d. h. die ein ganzes Jahr hindurch aufrecht erhaltene Nichtbestätigung der Wahl dieses hervorragenden Geschichtsforschers durch die bayrische Akademie der Wissenschaften seitens des dortigen Cultusministeriums) in erschreckender Weise gezeigt, was die ehrliche Geschichtsforschung von solchen Machthabern des Tages zu erwarten hat. Auch in Preußen hat der Bonner Lobredner der Inquisition (Prof. Schroers) bereits als Vertrauensmann des Cultusministeriums mit Bezug auf die zu berufenden Gegenprofessoren (NB. gegen die „katholischen" Historiker) fungirt. Nur die Berufung des Innsbrucker Janssen-Biographen Pastor scheint trotz der warmen Befürwortung durch einen ihm sehr nahe stehenden Centrums-Abgeordneten noch einstweilen vertagt. Dagegen ist an der Straßburger Universität bereits die Errichtung einiger „katholischer" Geschichts- und Philosophie-Professuren die Vorbedingung des Bischofs Fritzen für die Errichtung einer katholisch-theologischen Facultät gewesen. Die officiösen Zeitungscorrespondenzen aber berichteten statt dessen von den Schwierigkeiten, welche dieser Friedensbischof (Bruder eines anderen Centrums-Abgeordneten) bei der klerikalen Eiferpartei finde. Sobald der Preis gezahlt worden ist, werden auch hier wohl manchem Blinden die Augen aufgehen — wenn es nämlich wieder zu spät ist.

Die infallibilistische Geschichtsauffassung des gegenwärtigen Straßburger Bischofs ließ sich übrigens bereits an dem bischöflich Münster'schen Privatgymnasium Gaesdonk studiren. Dort ist er bis zur Aufhebung dieser Anstalt Lehrer gewesen — gleichzeitig mit Monsgr. de Waal und dem jetzigen Münster'schen Bischof Dingelstad. Dem letzteren ist auch bereits als „Morgengabe" die Wiederherstellung der Gaesdonker Anstalt bewilligt. Den Dank dafür hat er ebenfalls schon bethätigt in den Vorbereitungen zur Seligsprechung derselben Katharina Emmerich, welche von sämmtlichen staatlichen Instanzen amtlich als Betrügerin entlarvt wurde. Inzwischen sorgt der Görres-Verein mit Hochdruck für die Schulung und Unterbringung seiner „Historiker", während die Schüler von Döllinger und Cornelius als „Altkatholiken" von den „protestantischen" Lehrstühlen ebenso ausgeschlossen geblieben sind als von den „katholischen".

Haben nicht aber gerade alle diese Thatsachen die Weissagung Döllinger's über die Folgen des Infallibilitätsdogmas wieder über

Erwarten rasch bethätigt? Ueber den von ihm obenan klar herausgestellten Gegensatz der ehrlichen Geschichtsforschung gegen jede Art von Infallibilismus vergl. meine (in der Monographie über die theologische Einzelschule wieder abgedruckte) Prorectoratsrede. Dem vaticanischen Infallibilismus hat dort — als der Rückschlag dagegen auf römisch-katholischem Boden — der naturalistische gegenübergestellt werden müssen (ebenso wie auf protestantischem Boden der Orthodoxismus in der Kirche und der Heterodoxismus in der „Schule").

## VI. Kirchengeschichte.

Während die Studienbriefe Möhler's es nicht genug zu rühmen wußten, was er bei Planck und Neander empfing, sind heute beide für die römisch-katholischen Leserkreise ebenso eliminirt, wie der einst gerade auf katholischem Boden so begeistert aufgenommene und ausgeschriebene Hase. Sogar eine solche allgemein geschichtliche Monographie, wie diejenige von Noorden's über Hinkmar von Rheims, ist durch eine correct papale (von Schroers) ersetzt worden. Der Anhang zum zweiten Bande der neuen Auflage von Hagenbach's Kirchengeschichte hat die consequent durchgeführte Methode, die ketzerische Litteratur einfach auszuschließen, bei allen einschlägigen Fragen im einzelnen nachgewiesen. In dieser „modernen" Geschichtschreibung heben sich nun aber obenan wieder die Werke von Jesuiten und über Jesuiten hervor, meist französischen Ursprungs, aber bald ins Deutsche übertragen. Neue Biographien von Loyola, Canisius, Hosius, Liguori wetteifern mit einer Fülle von Specialarbeiten, in denen sich besonders die Patres Cornely, Kobler, Pfülf, Schmidt hervorgethan haben, während zugleich die „Stimmen aus Maria-Laach" für die zahlreichen Handlanger ein reichhaltiges Magazin aufgehäuft haben. Alles Frühere ist aber doch durch Pater Duhr (uns bereits als der nach dem Tode Pachtler's zur Mitarbeit an den Mon. Germ. paedag. herangezogene „Historiker" bekannt) mit seinen „Jesuitenfabeln", (34 Nummern in 8 Heften) übertrumpft worden. Es lohnt sich, die sachkundige Prüfung seiner Advokatenkünste Heft für Heft in den Besprechungen des „Deutschen Merkur" zu verfolgen. Aber auch sonst empfehlen die „Jesuitenfabeln" sich neben den „Geschichtslügen" als anspruchsvollste Probe der Anwendung der neujesuitischen Dialektik auf die Geschichtschreibung.

Beinahe noch mehr als Pater Duhr darf es Pater Michael für sich beanspruchen, die Ermitelung der geschichtlichen Wahrheit vollständig dem Parteiinteresse geopfert zu haben. Seine biographischen Skizzen Ranke's und Döllinger's sind mit Recht sprichwörtlich geworden durch den Höhepunkt des Hasses, dem kein Mittel zu schlecht ist, die befehdeten Persönlichkeiten ihres guten Namens zu berauben. Daß dieser Haß förmlich blind macht, hat sich bei ihm wieder in der gleichen Weise bethätigt, wie früher bei dem so viel gelehrteren Ordensgenossen Petavius. Auch die rohe Art des Paters Roh in seiner immer noch breitgetretenen sinnlosen Reclame über „das alte Lied: der Zweck heiligt die Mittel" und über „Die Grundirrtümer unserer Zeit" wird von den heutigen Jesuiten immer noch nachgeahmt. Ebenso ist es gewiß bezeichnend genug, daß eine so herausfordernde Polemik, wie die des Paters Fugger Glött: „Warum sind wir katholisch? Weil wir vernünftig sind" in der mehrfach angeführten „Jesuitenwissenschaft" in die Classe der „Apologetik" gestellt wird.

Das Loblied Pater Bauer's auf die Inquisition und die Canisiusbiographie von Florian Rieß tragen den gleichen „objectiven" Charakter. Dagegen läßt sich die Untersuchung Braunesberger's über die Entstehung und erste Entwicklung von Canisius' Katechismen als Parallele zu der gründlichen Untersuchung Buchwald's über die Entstehung von Luther's Katechismen bezeichnen. Wie sehr der Orden es sich überhaupt angelegen sein läßt, den auf protestantischem Boden stattfindenden litterarischen Bewegungen in seiner Art zu „accompagniren", beweist die eifrige Beachtung des in seinem Lager natürlich mit Jubel begrüßten verhängnißvollen Streites über das Apostolicum. Abgesehen von zahlreichen Artikeln der gesammten klerikalen Presse darüber ist hier besonders noch die größere Monographie des Paters Blume zu nennen. Dieselbe hat im Allgemeinen auch die Zustimmung seines Ordensgenossen Zimmermann gefunden. Doch beklagt sich derselbe, daß Blume mit Harnack zu sanft umgegangen sei. Das mangelnde Geschimpfe über den Berliner Professor hat Zimmermann — dem diese Seite der litterarischen Productivität heute besonders anvertraut zu sein scheint — seinerseits gründlich nachgeholt.

Das Specialgebiet Pater Zimmermann's liegt daneben in der Umkehrung der englischen Geschichte in ihr Gegenteil. In derselben Weise wie der jetzige Aachener Kanonikus Bellesheim schon auf der ersten Seite seines Werkes über den Kardinal Alanus sich in den unflätigsten Ausdrücken über Elisabeth ergeht, hat Zimmermann sich Wilhelm von Oranien zur besonderen Zielscheibe seiner Angriffe genommen. Um so mehr wird „Maria, die Katholische" von ihm verherrlicht. Die gleiche Geschichtsanschauung bekundet sein Ordensgenosse Spillmann in der Arbeit über „die Märtyrer unter Heinrich VIII. und Elisabeth". Die so viel zahlreicheren Opfer der Inquisition unter der blutigen Maria fallen für den jesuitischen Standpunkt natürlich in eine ganz andere Kategorie.

### Erläuterungen zu VI.

Schon das Interesse an den Problemen der allgemeinen Geschichte ist bei den Jesuiten durch die Bedeutung derselben für die Papstherrschaft bedingt. So liegt es denn in der Natur der Sache, daß ihre Regsamkeit auf dem specifisch kirchengeschichtlichen Gebiete eine noch umfassendere ist als auf dem „profanen". Auch die Zahl der kirchengeschichtlich arbeitenden Germaniker und ihrer sonstigen Schüler und Affiliirten ist hier begreiflicher Weise eine viel größere. Sogar die von den officiellen Ordensgenossen herrührenden Arbeiten konnten jedoch nur in einer Auswahl der hervorstechendsten berücksichtigt werden. Denn auch hier hören wir von dem mehrfach citirten Panegyriker (der freilich nachgerade an die Ausrufer vor den Kirmesbuden erinnert), daß „kirchengeschichtliche Fragen in hervorragender Weise in vielen Artikeln der Laacher Stimmen behandelt werden". Obenan aber verdient gerade in dieser Rubrik die immer greller zu Tage tretende Thatsache Beachtung, in wie systematischer Weise die gesammte „akatholische" Litteratur zurückgedrängt wird. Sogar bei den die sprachlichen Vorstudien behandelnden Lehrbüchern hat ein Sachkenner wie Nöldeke diese pathologische Erscheinung schon vor mehr als einem Jahrzehnt dargethan. Was aber erst gar in der kirchlichen Geschichtschreibung angestrebt wird, ist schon im Anschluß an den Theologischen Jahresbericht von 1875 in dem Specialaufsatze der Jahrbücher für protest. Theol. 1885, S. 576 ff., über „den papalen Infallibilismus in Deutschland" an der Methode der durch einen besonderen päpstlichen Segen für die Verfasser (vom 20. October 1884) beglückten „Geschichtslügen", sowie an den Citationskünsten von Hipler's „christlicher Geschichtsauffassung" dargethan. Der Abschnitt über die „infallibilistische Geschichtsschreibung" in „Katholisch oder Jesuitisch?" hat nur eine Reihe weiterer in den Jahren 1885/87 hinzugekommener ähnlicher Daten an jene älteren anzureihen gehabt.

Die Methode Duhr's entspricht auffällig der an dem Parlamentarier Rittler gelobten Kunst, nicht nur die Blößen des Gegners rasch zu entdecken, sondern vor allem die Schwächen der eigenen Beweisführung zu verdecken. Die Art und Weise, wie er die Wissenschaft, die Logik, die Kritik für sich und seinen Orden in Anspruch nimmt, versteht es, alle anderen „Schulen" zu übertrumpfen. Was an diesem Orte nur im Allgemeinen angedeutet werden kann, ist mit Bezug auf einen Specialpunkt in dem demnächst erscheinenden Hefte der „Zeitschrift für wissensch. Theol." (S. 278 ff.) an den „geschichtlichen Grundlagen der satirischen Monita secreta" dargethan. Desgleichen ist eine Broschürenausgabe der Artikel des „Deutschen Merkur" über die „Jesuitenfabeln" in Vorbereitung. Die Parallele zwischen den Patres Duhr und Michael einer-, ihrem alten Ordensgenossen Petavius andererseits stützt sich auf die Petavius-Biographie des Grazer römisch-katholischen Theologen Stanonik. Es sind dort u. A. die Ursachen untersucht, welche trotz der umfassenden Gelehrsamkeit des Petavius seine Polemik um bleibende Erfolge gebracht haben. Stanonik findet diese Ursachen in dem Beginn seiner Studien mit Gregor von Nazianz, dessen Gehässigkeit gegen Julian, weil sie von einem solchen Vorbild der Orthodoxie ausging, ihm ebenfalls vorbildlich wurde. Eine spätere Zeit dürfte über Duhr und Michael ähnlich urteilen wie über Petavius. Auch für sie mag es ja als Entschuldigung gelten, daß sie selber das Opfer jener verhängnisvollen Gewohnheit geworden sind, die in der Praxis der Indexcongregation gipfelt. Die Tendenz, den andern die selbständige Erforschung der Wahrheit unmöglich zu machen, hat sich bei ihnen in der umgekehrten Weise gerächt wie bei ihrem früheren Genossen Hoensbroech.

Pater Zimmermann hatte bereits gegen einen einzelnen Paragraphen meiner „Geschichte des Katholicismus" (über die englischen Romfahrten) die richtigen Jesuitenkünste versucht und hat das Gleiche neuerdings bei der „Amerikanischen Kirchengeschichte" wiederholt. Ich habe darin ebensowenig Anlaß zu Correcturen zu finden vermocht, wie in den massenhaften Wutausbrüchen gegen „Katholisch oder Jesuitisch?" Nur kann ich hier leider nicht völlig an der eigentümlichen Thatsache vorbeigehen, daß der Gießener Professor Stade in einer Streitschrift gegen einen Einzelabschnitt einer größeren Monographie den letzten Schimpfartikel Zimmermann's gegen mich seiner eigenen Taktik so verwandt gefunden hat, daß er ihn ebenfalls neu abdrucken ließ. Ueber den Anlaß jener Controverse hier nur so viel, daß das von dem jüngeren Collegen angegriffene Buch über „Die theologische Einzelschule" einer schweren Nothlage entstammt ist, die von unseren sogenannt positiven Richtungen genau ebenso schmerzlich empfunden wird wie von den sogenannt liberalen: daß nämlich seit beinahe zwei Jahrzehnten ein in sich abgeschlossener Kreis junger Männer sich die jesuitische Methode zu eigen gemacht hat, alles dasjenige, was selbständige und unabhängige Gelehrte, sei es positiver, sei es liberaler Richtung, erarbeitet hatten, gründlich schlecht zu machen, statt dessen aber sogar die unbedeutendsten Leistungen, wenn sie nur von den eigenen Genossen herrührten, in alle Himmel zu erheben. Trotzdem würde ich an diesem Orte am allerwenigsten auf jene innerprotestantische Controverse eingegangen sein, wenn nicht der Succurs, den Professor Stade bei Pater Zimmermann gesucht hat, geradezu dazu nötigte. Für die Zukunft sei daher wenigstens so viel bemerkt, daß allen denjenigen, welche in gleicher Weise zu polemisiren geneigt sind, ähnliche Schimpfartikel schockweise zur Verfügung stehen. Daß der von Zimmermann zuletzt angefallene Band meines Handbuchs gerade von den amerikanischen Historikern aller dortigen Kirchen und obenan in den Papers der großen „American society of church history" genau entgegengesetzt beurteilt worden ist, bedarf für die Sachkenner gewiß kaum der Erwähnung. Wohl aber liegt eine eigentümliche Ironie des Geschicks darin, daß in der gleichen Zeit, wo die Schimpfereien Zimmermann's über mich zur Beweisführung herangezogen wurden, Zimmermann über Stade's Freund Harnack wohl noch etwas ärger losgefahren ist als über mich. Wenden wir also einmal den früher erwähnten Canon an: das Maß der Bedeutung einer Leistung an dem Grade des jesuitischen Geschimpfes darüber abzumessen, so muß ich meinem Collegen Harnack zweifellos den Vorrang einräumen.

## VII. Geographie.

Wie in der Geschichte sowohl die centralen, als die peripherischen Punkte von einer im voraus feststehenden Auffassung aus corrigirt werden, so wird nicht minder auch in der Geographie alles das, was wir seit Ritter an voraussetzungsloser Forschung besitzen, von Land zu Land in das Gegenteil verkehrt. In den holländisch-jesuitischen Zeitschriften war in der gleichen Zeit, wo Kaiser Wilhelm der Große mit seinen Paladinen das neue deutsche Reich gründete, ihm und seinem Kanzler mit Vorliebe der Dictator der centralamerikanischen Republik Ecuador, Garcia Moreno als Lichtbild gegenübergestellt (vergl. auch hierüber die Monographie über die römisch-katholische Kirche im Königreich der Niederlande, 1877). Das von ihm mit der Curie geschlossene Concordat gab ihm in der That vollen Anspruch auf diese Auszeichnung. Wie jeder andere Cultus, so war auch jede von den Bischöfen nicht approbirte Litteratur aus diesem heiligen Land ausgeschlossen. Pater Kolberg hat denn auch ein eigenes Werk über Ecuador geschrieben, das übrigens nichts weniger als heilige Zustände schildert.

Außer Kolberg wird eigentlich nur Werner als gelehrter Vertreter des geographischen Faches genannt. Daneben pflegen die Reisebeschreibungen der dichterisch begabten Patres Spillmann und Baumgartner aufgezählt zu werden; so von jenem die Schriften „Vom Kap zum Zambesi", „Rund um Afrika", „Durch Asien über die Südsee", „Aus fernen Landen"; von diesem die pikanten Reisebilder aus dem nördlichen Europa und Amerika. Das wichtigste hierher gehörige Gebiet tritt uns jedoch in der seit 1873 begründeten Zeitschrift „Die katholischen Missionen" entgegen. Neben dem eigentlich deutschen Leserkreise hat diese — zahlreiche jesuitische Mitarbeiter zählende — Zeitschrift (gleich den meisten Herder'schen und Benziger'schen Verlagsartikeln) auch unter den Deutschen Amerikas ein großes Debit. Die Art der Auffassung und Darstellung muß man in Warneck's „Protestantische Beleuchtung der römischen Angriffe auf die evangelische Heidenmission" studiren. Sie ist bis ins kleinste Detail quellenmäßig belegt und insofern zugleich die lehrreichste Beleuchtung der jesuitisch-geographischen Methode.

### Erläuterungen zu VII.

Die „internationale" Gesinnungsweise des Ordens, wie sie durch Graf Hoensbroech so treffend charakterisirt worden ist, müßte eigentlich eine besondere Begabung für die objective Würdigung dessen, was jedes Land und Volk für sich bietet, begründen. Aber der jedes menschliche Gefühl erstickende Haß gegen die Ketzerei macht ersichtlich auch hier völlig unfähig, die staunenswerten Leistungen der evangelischen Mission auch nur nach ihrer wissenschaftlichen Seite unbefangen ins Auge zu fassen. Es ist der echte Jesuitenfanatismus, von welchem sowohl Janssen als der englische „Convertit" Marshall in ihren Zerrbildern der Mission getragen sind. Daß dieser Fanatismus speciell auf dem Missionsgebiete, auf welchem man meinen sollte, daß es hier doch gewiß gemeinsame christliche Interessen zu wahren gäbe, gerade am grellsten heraustritt, hängt mit der Unterordnung unter die (seit ihrer Begründung obenan von den Jesuiten beeinflußte) Congregation der Propaganda zusammen. Allem andern zuvor muß daher in Mejer's classischem Werke der Abschnitt über „das Recht" der Propaganda studirt werden.

Das Gegenstück zu jenem Fanatismus bildet die sich auf Loyola selber zurückführende sittliche Lagheit, die von jeher den einflußreichen Gönnern des Ordens gegenüber geübt wurde. Auch diese läßt sich ebenfalls nirgends besser als auf dem Missionsgebiete studiren. Wir erinnern nur aus jüngster Zeit an das Sittenzeugnis des apostolischen Vicars in Kamerun für den Kanzler Leist, sowie an die Begründung des Afrika-Reisenden Zintgraff für die Beliebtheit der ein Auge zudrückenden katholischen und die Unbeliebtheit der moralisch pedantischen evangelischen Missionare. Ein besonders interessantes Capitel aus der specifisch jesuitischen Schulung der heutigen römisch-katholischen Mission bildet auch die Art der Verwertung der unbesonnenen Aeußerungen Wißmann's über die ihm sein ganzes Leben hindurch eine terra incognita gebliebenen Unterschiede der verschiedenen Kirchen.

Für die heutige wissenschaftliche Geographie liegt die wichtigste Quelle in der — leider in ihrer Reichhaltigkeit nur zum kleinsten Teil zu umspannenden — Missionslitteratur: von dem Basler Missionsmagazin bis zu den Warneck'schen und Arndt'schen Zeitschriften. Dagegen ist schon die ältere jesuitische Litteratur (wie noch zuletzt wieder das gründliche Werk Pfotenhauer's über Paraguay drastisch enthüllt hat) nur mit großer Vorsicht zu gebrauchen, und gar in der neueren ist von geschichtlicher Gerechtigkeit keine Spur mehr zu finden. Wer sich näher über die von dem Orden inspirirte Presse orientiren will, darf sich übrigens nicht mit dem Studium der „katholischen Missionen" begnügen, sondern muß das französische Vorbild derselben in den Missions catholiques zur Vergleichung heranziehen. In dem deutschen Organ ist manches unterdrückt, was in dem französischen offenherziger zum Ausdruck zu kommen pflegte. Auch bei der amerikanischen Ausgabe der „Katholischen Missionen" läßt sich das Gleiche beobachten. Die Aufforderung des Bischofs Zardetti in dem amerikanischen St. Cloud zum Abonnement auf diese Ausgabe ist ein würdiges Seitenstück zu der in der holländischen Jesuitenpresse so besonders gepflegten Vergleichung des großen Garcia Moreno von Ecuador mit dem deutschen Attila (Kaiser Wilhelm dem Großen). Sie gipfelt nämlich in dem Hinweis auf „die scheinbaren Größen, welche die Braut Christi betrüben". Unter diesen „scheinbaren Größen" sind Kaiser Wilhelm und Fürst Bismarck gemeint. Für die interconfessionelle Vergleichung endlich muß obenan die im Text genannte quellenmäßige „protestantische Beleuchtung" Warneck's (welcher der gelehrte Verfasser noch eine Reihe einzelner Nachträge folgen ließ) zu Grunde gelegt werden. Neben Warneck kommen in Deutschland ferner die Arbeiten Grundemann's und Kurze's in besonderen Betracht. Daneben darf der Verfasser wohl auch seine Schrift „Erfüllung und Weissagung in den Missionsbestrebungen der Gegenwart" mit heranziehen (vergleiche speciell den zweiten Vortrag über die Katholicität der evangelischen Mission gegenüber der papalen Propoganda).

## VIII. Philologie.

In der classischen Philologie haben eigentlich nur zwei neuere Jesuiten einen gewissen Namen gewonnen: Fox in Feldkirch und Nieberegger in Kalksburg. Der Hauptruhm des letzteren liegt zudem in der Begründung der Marianischen Sodalitäten, und von dem ersteren ist nur eine einzige Schrift über eine einzige Rede eines einzigen Classikers (die

Kranzrede des Demosthenes) Gegenstand der Reclame. Aber das vermindert die Ansprüche nicht, die wir in der pädagogischen Rubrik bei den Patres Pachtler und Duhr kennen gelernt haben. Ueberdies aber wird die Arbeit, welche sich für die zur Zeit zu wenig aussichtsvolle alte Philologie nicht zu lohnen scheint, auf die neu entstandenen Disciplinen verwendet. Pater Straßmaier hat in der Assyriologie recht wacker gearbeitet. Flugs ist aus ihm der erste aller Fachmänner geworden, und seine Verbannung „muß jedem Deutschen die Schamröte ins Gesicht treiben".

### Erläuterungen zu VIII.

Wer die neuere französische und englische Litteratur zur Aegyptologie und Assyriologie sowohl wie die über Indien, China und Japan auch nur einigermaßen kennt — obenan die Beiträge zur Illustration der Bibel durch die neuesten wissenschaftlichen Entdeckungen —, der wird gerne geneigt sein, hier eine neuzeitliche Parallele zu den classisch-philologischen Leistungen des alten Ordens anzuerkennen. Ueberhaupt versteht es sich für jeden anständigen Menschen von selbst, daß er die Arbeiten eines gelehrten Jesuiten deshalb um nichts geringer achten wird, weil damit die gleiche Reclame getrieben wird, welche die Papstkirche der Neuzeit mit ihren pomphaften Processionen, ihren auffälligen Kirchenbauten, ihren reichen Convertiten, ihren „Wundern" von Lourdes und Trier u. dgl. m. treibt. Daß es aber der specifisch jesuitische Geist ist, der in allen diesen Dingen sich kundgiebt, tritt u. A. auch in den jüngsten französischen Biographien Loyola's mit der Art ihres Bilderschmuckes ebenso deutlich zu Tage, wie in dem sinnenfälligen Pomp des altjesuitischen Baustils. Alles dessen ungeachtet müssen wir offen gestehen, daß die Art der Reclame mit Pater Straßmaier in der kleinen Schrift „Jesuitenwissenschaft und Gelehrsamkeit" alle unsere bisherigen Erfahrungen übertroffen hat.

Schon in dem Verzeichnis der naturwissenschaftlichen Litteratur ist Straßmaier zusammen mit Epping mit besonderer Auszeichnung genannt. Später aber kommt noch einmal ein ausführlicher Passus allein über ihn. Wir hören daselbst: „Derselbe gilt in Fachkreisen allgemein als einer der größten, ja sagen wir nur herzhaft, als der größte Assyriologe der Gegenwart." „Die noch ziemlich neue Wissenschaft verdankt ihm bereits zwei große Werke, deren Wert höher gestellt wird, als derjenige irgend welcher anderer Publicationen über diesen Gegenstand." Nachdem uns dann noch aufgezählt ist, wie das erste 1144 Seiten in Quart umfaßt, und das zweite 1974 Inschriften auf etwa 1200 Seiten, geht es im gleichen Tone fort: „Wie die ersten Assyriologen der Jetztzeit über diese Publicationen denken, davon mögen nachstehende Recensionen Zeugnis ablegen." Wir bekommen darauf Bruchstücke aus Besprechungen von Bezold, Winkler und „dem größten Assyriologen Frankreichs", Oppert. Stärker aber wird noch die Trommel darüber gerührt, daß „desselben deutschen Jesuiten auf dem letzten Orientalisten-Congreß zu Stockholm in Gegenwart des Königs besonders ehrenvolle Erwähnung geschah". Und dann folgen die Nutzanwendungen: „So ehrt das Ausland, auch die Nation des „Erbfeindes", deutsche Wissenschaft, und das deutsche Vaterland verweigert solchen Söhnen Luft und Licht und verbannt sie aus seinen Grenzen." Ja, mit alledem ist es noch nicht genug. Wir hören noch weiter, daß „die größten deutschen Assyriologen, wie Prof. Dr. Schrader u. A. m., sich um die Gunst des Pater Straßmaier bewerben, weil sie ohne ihn gar nicht fertig werden können"; sowie daß „Pater Straßmeier deshalb auch zu den Congressen, die auf deutschem Boden gehalten werden, erscheinen muß." Die weiteren Sätze über das Verstecken des Paters vor dem Cultusminister sind fast noch schöner. Aber hier kann nur noch der Schlußsatz beigefügt werden: „Ist ein solches Verfahren der deutschen Wissenschaft würdig? Muß nicht jedem Deutschen die Schamröte ins Gesicht getrieben werden, wenn er einerseits deutsche Wissenschaft respectiren möchte und andererseits sehen muß, wie die größten deutschen Gelehrten vom undankbaren Vaterlande verbannt werden?"

## IX. Theologie.

Bereits die inhaltreiche Eröffnungsrede Friedrich's bei der Begründung der Berner katholisch theologischen Facultät hat es mit einer Reihe der schlagendsten Beispiele belegt, wie die (durch die ihm eidlich verpflichteten Germaniker ausgeübte) vorvaticanische Thätigkeit des Ordens mit Bezug auf die deutsche Theologie durchweg eine unterminirende, eine zerstörende gewesen ist. Auch heute versteht es der Einfluß der Jesuiten meisterhaft, die Lage ehrlich forschender Theologen, wie sie trotz allem auch heute noch in keiner der deutschen Facultäten ganz fehlen, zu einer kaum mehr erträglichen zu machen. Untersuchen wir aber: Was haben sie Positives an die Stelle zu setzen? so zeigt sich, daß gerade in der Theologie die Repristination der mittelalterlichen Scholastik zu einer epidemischen geistigen Entmannung geführt hat.

Als die bringendste Aufgabe für die jesuitisch umgestaltete Theologie erwies sich die erkenntnistheoretische, nämlich die Herstellung einer der jesuitischen Tendenz entsprechend eingerichteten Ausgabe der „Acta et Decreta" des vaticanischen Concils. Dieselbe ist in überaus „practischer" Weise mit einer Gesammtausgabe der modernen Concilsbeschlüsse seit der Zeit, wo dem alten Jesuitismus die Verdrängung des

Jansenismus gelungen war, verbunden. Die „Collectio Lacensis" giebt sich zugleich als Fortsetzung der älteren Sammlungen der Concilsacten, von Mansi, Harbouin u. A. Von den „Acta et Decreta Sacrorum conciliorum recentiorum" umfassen die beiden ersten Bände die abend- und morgenländischen Concilien von 1682—1789. Vier weitere Bände holen die Zeit von 1789 — 1869 nach: für 3) Nordamerika und Großbritannien, 4) Frankreich, 5) Deutschland, Ungarn und Holland, 6) Italien, Südamerika und Asien. Auf diese Weise erscheint der siebente Band über das Vaticanconcil zugleich als Fortsetzung und Krönung der ganzen bisherigen Entwicklung. Der Commentar zu den dogmatischen Constitutionen des Vaticanums ist das Werk des Paters Granderath. Er steht mit seiner Arbeit in den Fußstapfen der bereits oben erwähnten, den Syllabus popularisirenden Patres Schneemann und Schrader.

Durch die Umgestaltung der Erkenntnisquelle ist ebenso naturgemäß die ganze bisherige Theologie bei Seite geschoben. In brutal naiver Weise wird diese Thatsache in der Darstellung der „Jesuiten-Wissenschaft" dahin umschrieben: „Mit Staudenmaier's, Kuhn's und Dieringer's Dogmatik konnte der Seelsorgeklerus nicht viel anfangen." Der vor drei Jahrzehnten von Kleutgen eröffnete Kampf der Scholastik gegen die deutsche Theologie hat mit einem so vollständigen Siege geendigt, daß nunmehr Kleutgen's eigene Institutiones theologicae einfach als unangreifbare Grundlegung gelten. Neben ihm ist an die Stelle jener einst so glänzenden Namen Wilmers getreten. Sein Lehrbuch der Religion ist deutsch, französisch und englisch erschienen. Daneben stellt sich sein Handbuch der katholischen Religion. Seine Sporen hatte er sich im Concilsjahre durch die Animadversiones in 4 contra Romani pontificis infallibilitatem editos libellos (Neapel 1870) verdient, von denen nicht weniger als drei deutsche Uebersetzungen (in Münster, Wien und Regensburg) erschienen.

Ihm zur Seite stehen zur Zeit besonders die Patres Fries und Sasse. Jener hat u. A. eine Controversschrift gegen den Dominikaner Dummermuth über die Lehre von der cooperatio Gottes geschrieben, wofür schon vor dem Erscheinen die nötige Reclame gemacht wurde. Dieser „hat sich in verschiedenen Abhandlungen als tüchtiger Dogmatiker bewiesen".

Der Umgestaltung der bisherigen Dogmatik reiht sich die Umwandlung der Moral in Casuistik an. Die beiden Haupt=Autoren für die Moraltheologie sind heute Lehmkuhl und Meyer. Die zweibändige Theologia moralis des ersteren hatte 1893 schon 6 Auflagen, das Meyer'sche Compendium deren 3 erlebt.

Die Consequenzen dieser Moraltheologie treten jedoch erst recht deutlich in der Katechetik zu Tage. Die gleiche durchgängige Veränderung der Katechismen, die Michaud in dem Frankreich des 18. Jahrhunderts dargelegt hat, hat sich in Deutschland am Ende des 19. vollzogen. „Beinahe in allen Diöcesen Deutschlands sind die Katechismen nach Pater Deharbe bearbeitet." Als Anleitung zu ihrem Gebrauch dienen dabei seine vierbändige „Erklärung des katholischen Katechismus" und das kürzere „Handbuch für den katechetischen Unterricht," in der neuen Ausgabe von Wittenbrinck. In den Mittelpunkt von Deharbe's System führt seine im Jahre 1856 erschienene Monographie über die vollkommene Liebe Gottes. Welche Rolle neben Deharbe der berüchtigte Gury gespielt hat, dürfte vielleicht doch noch einigen unserer Zeitgenossen in Erinnerung sein. Neben den einschlägigen deutschen Schriften über die Gury=Moral sollte nur auch diejenige des Schweizers Augustin Keller nicht unbenutzt bleiben.

Wie die moderne Katechetik auf der Casuistik sich aufbaut, so die Homiletik auf der Rhetorik. Auch hier hat Kleutgen die Wege geebnet. Zur Zeit gilt Schleiniger als der gewandteste Homilet. Auch fehlt es nicht an Predigtsammlungen, gleich denen der bekannten Patres Pottgeisser und Roh, welche die seelsorgerische Predigt durch die von Ort zu Ort getragenen oratorischen Schaustücke überschatteten. Neben ihnen haben Groenings, von Lamezan, Riese und Rober die gleiche Rolle wandernder Rhetoren gespielt.

Man glaube daneben ja nicht, daß es an einer „correcten"

Auslegung der Bibel fehlt! Im Gegenteil, es ist schon seit Jahren ein auf ganze 60 Bände berechneter „Scripturae sacrae cursus auctoribus Cornely, Knabenbauer, Hummelauer" im Erscheinen begriffen. Aber wer die alten jesuitischen Commentare kennt, und die Art, wie hier dem Bibeltext (der selber nur nach der Vulgata gegeben wird) durch das Traditionsprincip Gewalt angethan wird, kann in diesem „Cursus" wenig Neues finden. Zwar wird von dem bändereichen Werke kurz und gut behauptet, „es stehe durchaus auf der Höhe der heutigen Forschung". Wie dies aber zu verstehen ist, beweist die gleich daneben hergehende Erklärung: „Es hält auch mit den protestantischen Publicationen Ab= rechnung, obwohl diese nur nebensächlich zur Geltung kommen, da unsere Autoren wieder auf die gediegene katholische Tradition zurückgehen". Die Art von „Gediegenheit" dieser Tradition in den seither erschienenen Bänden kann man am besten an der Hand der Siegfried'schen Berichterstattung im „Theologischen Jahresbericht" studiren.

Unter den weiter hervortretenden Namen jesuitisch= theologischer Schriftsteller sind uns neben den bereits ge= nannten noch diejenigen von Beringer, Flurck, Hurter, Lobmann und Stentrup begegnet. Wie herzlich un= bedeutend aber erscheinen diese neben den Passaglia, Curci und Hoensbroech — den einstmaligen Führern der theologischen Controverse des Ordens!

### Erläuterungen zu IX.

Von noch größerem Einfluß auf die biblischen Studien der Zu= kunft, als selbst ein sechzigbändiges exegetisches Werk ist auch in dieser Rubrik die Beeinflussung der „unfehlbaren" Kathedralsprüche. Die gleiche Vorgeschichte, wie bei Syllabus und Vaticanconcil, bei der Thomasbulle und dem Erlaß über die Geschichtsstudien, läßt sich nämlich fast durchweg und in noch höherem Grade bei den zahlreichen Erlassen Leo's XIII. in den letzten Jahren ver= folgen, und diese Vorgeschichte hat gerade bei der Encyklica Providentissimus Deus (November 1893) ein ganz besonderes pathologisches Interesse. In Deutschland ist der Anlaß zu dieser Encyklica viel zu wenig beachtet worden, weil er in den Zuständen der französisch-katholischen Theologie gelegen war. Um so lieber verweisen wir hier auf die instructive Arbeit Lic. Kohl= schmidt's in Beyschlag's D.-ev. Bl. August 1894: im Anschluß an die Nachweise von Reusch in der Revue internationale de théologie und von Sabatier in der Revue chrétienne. Aber auch an diesem Orte sei uns wenigstens die kurze Einschaltung gestattet, daß der gleiche religiöse und wissenschaftliche Aufschwung, den wir gerade in den Tagen der nationalen Heimsuchung im französischen Protestantismus bewundern, auch innerhalb des dortigen Katholicismus eine beinahe an den Ernst und die Tiefe des Jansenismus erinnernde Bibelforschung wachgerufen hatte. Kaum jedoch war dieselbe aufgeblüht, so verfiel sie sofort der Denunciation der Jesuiten, zunächst des Paters Brucker in den Etudes religieuses de la société de Jésus. Die relative Unbefangenheit der Lehrer des von Mgr. van Hulst begründeten Institut catholique (Duchesne, Lasserre) in den Fragen der Bibelkritik wurde hier als „Capitulation der katholischen Armee vor der feindlichen Tageswissenschaft" gedeutet. Nach einer Reihe von Plänkeleien (u. A. auch einer an die ähnlichen Erfahrungen des Utrechter Erzbischofs Codde, Wessenberg's, Lamennais' erinnernden Romreise van Hulst's) wurde der Streit formell durch den Kathedralspruch Providentissimus Deus entschieden. Materiell ist durch denselben auch das ABC ehrlich wissenschaftlicher Bibelforschung ein für allemal zerstört. Die in demselben aufgestellten Thesen sind genau die gleichen, durch welche die protestantische Scholastik des 17. Jahrhunderts sich selbst ad absurdum geführt hatte. Die Geheimthätigkeit der Jesuiten aber konnte gerade in diesem Falle so recht an ihren Früchten erkannt werden. In Frankreich ist der Orden doch weder verbannt noch „verfehmt"; um so rückhaltloser jedoch wird dort jede selbständige wissenschaftliche Bestrebung durch ihn erstickt.

Uebrigens ist die neue Encyklica auch sofort auf Deutschland in Anwendung gebracht worden: in der Verketzerung der Würzburger Rectoratsrede des dortigen katholischen Theologen Scholz. Die seither gegen Scholz gerichteten Angriffe bilden ein drittes lehrreiches Seitenstück zu der in der Jesuitenpresse üblichen Behandlung der beiden einzigen — nach Döllinger's und Reusch's Austritt — in der römischen Kirche Deutschlands verbliebenen Kirchenhistoriker von ausschlaggebendem Namen: Funk's von Tübingen und Kraus' von Freiburg.

Die massenhafte Production der (an die Stelle der glänzenden Schöpfungen der bisherigen katholisch-deutschen Theologie getretenen) jesuitisch-theologischen Werke läßt die innere Dürftigkeit derselben nur um so empfindlicher spüren. Das Gesammtbild gerade der heutigen theologischen Litteratur des Ordens entspricht auffällig demjenigen, welches einst Möhler's Vorlesungen von der Theologie des alten Ordens entworfen haben. Möhler hat hier obenan die Thatsache constatirt, „daß wir bei den Jesuiten, obwohl große Mathematiker, Altertumsforscher, Kritiker 2c., z. B. Petavius, Sirmond, unter ihnen sich befinden, doch keinen tiefen Philosophen, keine wahrhaft speculativen Köpfe antreffen". Die Dogmatik des Ordens war nach Möhler ein „leeres Gerippe von Verstandesbegriffen" geworden. Von ihrer kasuistischen Moral klagt er, „dieses Verfahren wirke vielfach vergiftend bis in das innerste Mark des christlichen Lebens". Man kannte diese Vorlesungen Möhler's bis dahin nur durch die Veröffentlichungen von Propst Leu in Luzern, deren Glaubwürdigkeit durch Gams verdächtigt worden war. Heute danken wir Friedrich

das kleine, aber wertvolle Buch über Johann Adam Möhler auf
Grund seiner Briefe und der Originale seiner Vorlesungen. Es ist
dadurch nicht nur Propst Leu glänzend gerechtfertigt, sondern man
überschaut es auch jetzt erst vollständig, in wie frappanter Weise der
siegreiche Gegner des Protestantismus mit seinem hohen Ideal des
Katholicismus durch die seitherige Gestaltung der Papstkirche noch
nachträglich aus derselben herausgedrängt worden ist. Ueber die
durch das Vaticanconcil eingetretene Veränderung würde Möhler
genau ebenso wie Bischof Reinkens geurteilt haben, daß dadurch
der Papst an die Stelle Christi getreten sei. Es ist nur folgerichtig,
daß seither auch das römische Brevier an die Stelle des Neuen Testa-
ments getreten ist — als die streng vorgeschriebene tägliche Lectüre
der Priester.

## X. Erbauungslitteratur.

Dem äußeren Umfang nach ist die neujesuitische Er-
bauungslitteratur sehr bedeutend. Die Namen der Patres
Dosenbach, Frey, Hettler, Hammerstein, Höver,
Lohmann, Meschler, Mohr, Müllendorf, Platzweg,
Schwabe begegnen uns hier jeden Augenblick. Der Herz-
Jesu-Cult, die Marien- und Josephs-Andachten, die Heiligen-
legenden finden gerade gegenwärtig wieder eine besondere
Pflege. Die Verehrer des Ordens bilden sich denn auch
gerade auf diese Seite seiner Thätigkeit besonders viel ein.
Denn „in der Asketik sind die Jesuiten von jeher Meister
gewesen." „Geradezu hervorragend" werden besonders die
Schriften des Pater Meschler genannt. Sein „Rosengarten
Unserer lieben Frau", seine „Novene zu Unserer lieben Frau
von Lourdes" werden ebenso überschwenglich gelobt, wie sein
sogenanntes Leben Jesu und sein Leben des h. Aloysius von
Gonzaga.

Aber wenn wir in den anderen Litteraturgebieten — bei
allem Gegensatz zu den auch dort durchweg von den Jesuiten
durchgeführten Principien — immerhin der persönlichen
Arbeitsleistung zahlreicher einzelner mit Achtung gedenken
konnten, so muß auf diesem Gebiete jedes derartige Gefühl
vor demjenigen tiefer Trauer zurücktreten. Denn es handelt
sich um eine systematische Verdrängung der trefflichen älteren
Erbauungslitteratur des katholischen Deutschlands durch einen
recht eigentlichen modernen Fetischismus. Etwas sittlich An-
stößigeres als die „Monatsrosen zur Verehrung des heiligen

Herzens Jesu" (aus deren holländischer Ausgabe schon die 1877 erschienene Monographie Auszüge giebt) ist selbst in den abergläubischesten Perioden des Mittelalters kaum dem christlichen Volke geboten worden. In Cultus und Volksleben wird die eine längst überlebte Unsitte nach der anderen wieder hergestellt. Madonnenerscheinungen und Teufelsaustreibungen sind bereits wieder wahrhaft epidemisch aufgetreten. Wie sehr aber gerade die Jesuiten durch die Germaniker und deren Schüler bei allen diesen Dingen beteiligt sind, ist fast in jedem neuen Falle sichtbar geworden. Noch bei der Ausstellung des Trierer Rockes hat Pater Stephan Beissel als bischöflicher Sachverständiger hinsichtlich der „lückenhaften Stoffteile" fungirt. Daß übrigens auch Bischof Korum persönlich bei seiner Berufung nach Trier ausdrücklich als „Jesuitenzögling", als „geistiger Verwandter des sel. Canisius" begrüßt worden war, sei wenigstens nebenbei wieder in Erinnerung gerufen.

### Erläuterungen zu X.

Die systematische Einimpfung aller der abergläubischen Vorstellungen und Gebräuche, welche im Laufe der kirchlichen Entwicklung auch innerhalb des Katholicismus allmählich zurückgetreten waren, ist u. A. von Reusch (Die deutschen Bischöfe und der Aberglaube) und Friedrich (Der Mechanismus der vaticanischen Religion) quellenmäßig beleuchtet worden. Wer die hier gegebenen amtlichen Belege über die heutige Kirchenlehre und die heutigen Volksgebräuche hinsichtlich des Ablasses vergleicht, wird den Contrast mit der idealen Darstellung der „katholischen Lehre vom Ablaß" bei einem Hirscher grell genug empfinden. Speciell mit Bezug auf den Teufels-, Dämonen- und Hexenglauben muß daneben auf die in meiner Schrift über „die gegenwärtige Wiederbelebung des Hexenglaubens" (1875) enthaltenen Daten verwiesen werden. In dem litterarischen Anhang dieser Schrift wird zugleich die neuere Litteratur über die Madonnen-Erscheinungen, Stigmatisationen, den Herz-Jesu-Cultus und dergleichen mehr zusammengestellt. Eine Besprechung der dort gegebenen Nachweise in England hatte überdies ein interessantes Nachspiel zur Folge. In den Hastings and St. Leonard News waren die aus Gaßner's Modus juvandi afflictos a daemone etc. gegebenen Belege für die Erneuerung jenes entsetzlichen Wahnglaubens mitgeteilt worden. Dagegen trat dann der bekannte Pater Foy auf, aber nicht etwa, um diese Belege anzuzweifeln, sondern um im Gegenteil die These zu vertreten, daß die Kirchenlehre niemals eine andere gewesen sei. Rede und Gegenrede in dem englischen Blatt sind dann im Anhang der Monographie über die römisch-katholische Kirche in Holland mitgeteilt worden. Die Behauptung des Pater Joy konnte hier speciell mit Bezug auf die jesuitische Praxis als durchaus richtig dargethan werden: an der Hand des Tagebuchs des Jesuitenpaters van der Heyden mit seinen zahlreichen Zeugnissen für die Verwertung der ausgetriebenen Teufel im Kampf gegen die Ketzerei des Protestantismus. Das van der Heyden'sche Tagebuch ist dann auch auszugsweise veröffentlicht in der Broschüren-Sammlung „Für Feste und Freunde des Gustav-Adolf-Vereins." Alle diese Nachweise sind dem so großen Aufsehen machenden Fall des Pater Aurelian von Weinding vorhergegangen. Das Vorgehen des Letzteren konnte im Grunde für den Sachkenner nichts Auffälliges bieten. Um Vieles wichtiger als das Ungeschick des armen Paters, seine Heldenthaten an die Oeffentlichkeit kommen zu lassen, ist das Gutachten der bischöflichen Sachverständigen gewesen.

Die von den hohen kirchlichen Beamten officiell abgegebenen Erklärungen beruhen aber auch ihrerseits — ebenso wie Hohoff's und Schroers' Verteidigung der Inquisition — auf der von dem Jesuitenorden durchgesetzten Wiedereinführung der thomistischen Scholastik. Die katholische Theologie Deutschlands hatte sich durch die ernste Bibelforschung, in welcher sie seit der zweiten Hälfte des 18. Jahrhunderts mit der protestantischen wetteiferte, von allen solchen Auswüchsen freigemacht. Das thomistische System wurzelt dagegen auch in seiner Engels- und Teufelslehre in dem dichtesten Aberglauben einer Zeit, deren geschichtlicher Sinn durch die Nichtmehrbezweiflung Pseudo-Isidor's gekennzeichnet ist. Die erhabene ethische Engels- und Satansidee Jesu hat schlechterdings nichts zu thun mit irgend welcher (sei es antiken, sei es modernen) Weltanschauung. Aber auf der Weltanschauung des Thomas bauen die entsetzlichen Thesen des Hexenhammers sich auf.

Auch seine Engelsidee ist nicht minder phantastisch. Zum Belege dafür mögen hier einige Sätze aus dem litterarischen Anhang der Schrift über die Engels- und Satansidee Jesu angeführt werden. Es giebt nämlich für die Methode der scholastischen Beweisführung in den Fragen, welche sich unserer Erkenntnis vollständig entziehen, kaum etwas Charakteristischeres als den thomistischen Erweis der verschiedenen Rangklassen der Engel. Es ist zunächst schon ein Postulat der Vollkommenheit der Welt, daß intelligente und geistige Wesen neben und über den körperlichen Dingen existiren. Dazu aber tritt noch ein besonderer Beweis für die Existenz von „getrennten Substanzen", d. h. von Engeln. Außer den menschlichen Seelen muß es nämlich auch noch andere geistige Substanzen geben, welche gänzlich körperlos sind. Den menschlichen Seelen kommt die Körperlosigkeit blos per accidens (nach dem Tode) zu, weil sie von Natur aus zur Einigung mit dem Körper bestimmt sind. Nun aber ist das per se Seiende stets früher als das per accidens Seiende; ersteres ist stets die Voraussetzung des letzteren. Es muß also auch solche geistige Wesen geben, welche per se körperlos sind und von Natur aus zu keiner Einigung mit dem Körper bestimmt sind. Das sind eben die Engel.

Auch über das Erkennen und Wollen der Engel weiß Thomas genauen Bescheid. Der Engel geht nämlich nicht von der Potenz zum Act des Erkennens über, sondern ist immer actu erkennend.

Um freilich die von ihm verschiedenen, höheren oder geringeren Wesen nach ihrer Eigentümlichkeit zu erkennen, dazu ist ihm in seiner Substanz das Mittel nicht gegeben; er bedarf dazu der von dieser wie Formen oder Qualitäten verschiedenen Species. Aber in den ihm anerschaffenen Gedankenbildern oder Ideen erkennt der Engel unmittelbar die volle Quiddität der Dinge mit allen ihren Attributen, Kräften und Beziehungen, mit allem, was darin ist und sein kann, und bedarf deshalb des Behelfes der Trennung und Verknüpfung der Begriffe, sowie der Schlußfolgerung nicht, um seine Erkenntnis zu vervollständigen.

Die von dieser Basis aus von Thomas und seinen Nachfolgern gestellten und beantworteten Einzelfragen sind einfach zahllos. Für die näheren Belege sei auf Karl Werner's Thomasbiographie sowie auf Stöckl's Geschichte der Philosophie des Mittelalters II, S. 427 bis 734 verwiesen; speciell auf den Abschnitt über die Angelologie §. 162 ff. Mit Bezug auf Thomas ist Stöckl ein zuverlässiger Führer; wohin aber die Consequenzen seiner eigenen Geschichtsdarstellung führen, zeigt Th. Weber, Stöckl's Geschichte der neueren Philosophie, 1886. — Die Herren Scholastiker wissen überhaupt in der himmlischen Welt viel besser Bescheid als in der Natur. Man darf sich darum im Grunde auch gar nicht wundern, wenn die in heutiger Atmosphäre erzogenen italienischen Prälaten, sobald sie „infallibel" geworden sind, auch im Jenseits ihre Orden und Titel verteilen. Wie sehr Pius IX. auf den Dank der Jungfrau Maria für die Proclamirung ihrer unbefleckten Empfängnis gerechnet hat, ist in seinen eigenen Erlassen zur Genüge ausgesprochen. In der letzteren Hinsicht ist das moderne Papsttum sogar über den heiligen Thomas selber hinausgegangen.

In den Phantastereien über den „himmlischen Hofstaat" mag man immerhin noch eine unschädliche Liebhaberei sehen. Aber der von Thomas vermöge der gleichen Argumentationsweise aufgebaute Dämonenglaube hat die grauenhaftesten Zustände auf dem Gewissen, welche jemals die Geschichte einer Religion geschändet haben. Die Leugnung dieser heute unfehlbar gewordenen Kirchenlehren aber ist Häresie. Der todeswürdige Charakter dieses Verbrechens legt dem Staate die Pflicht auf, die kirchlichen Bestimmungen darüber zur Ausführung zu bringen. So ganz nebenbei fällt dann auch das materielle Interesse der rohen Massen mit dem reichlichen Besuch der Wallfahrtsorte zusammen. Die paulinische Erfahrung bei den Goldschmieden der großen Diana der Ephefer ist genau die gleiche, wie man sie heute in Kevelaer, Xanten, Trier, Aachen machen kann, von Lourdes nicht zu reden.

Gerade die Erbauungslitteratur ist nun aber heute das beliebteste und geschickteste Mittel, den gesammten, für längst überwunden erachteten Aberglauben wieder ins Volksleben einzupflanzen. Wenn die in dieser Weise neuerzogene Generation erwachsen sein wird, dürfte die Zeit gekommen sein, von welcher einer der hervorragendsten Kenner des thomistischen Systems alsbald nach dem Erlaß der Thomasbulle geurteilt hat: „Verglichen mit den Kämpfen, die dann unvermeidlich werden, erscheint der gegenwärtige Culturkampf nur als ein kindlich-gemütliches Vorspiel."

Daß der bischöfliche Herold der Mirakel des Trierer Rocks (und

Ankläger seiner Beleidiger!) der deutschen Trierer Diöcese alsbald die Ergebnisse seiner eigenen französisch-jesuitischen Erziehung octroyiren würde, ist sofort bei seiner Ernennung von kundigster Seite vorhergesagt worden. Es bedarf dafür nur des Hinweises auf die damals so großes Aufsehen machenden Artikel von v. S. in der „A. A. Ztg.": „In Canossa" und auf die wunderbare Art der Verteidigung des Feldmarschalls (bezw. der Freiin Ziabella) von Manteuffel. v. S. hatte übrigens gar nichts anderes constatirt, als Herr Felix von Loë in seiner Rede bei dem gleichzeitigen Canisiusfest im schweizerischen Freiburg: „Ein Jesuitenzögling, ein geistiger Verwandter des heiligen Canisius, ist Bischof von Trier... Meine Herren, es lebe der Syllabus." Vgl. die näheren Nachweise in meiner Geschichte des Katholicismus S. 735, 845.

## XI. Schöne Litteratur und Litteraturgeschichte.

Die „katholischen Dichterschulen" der jüngsten Zeit mit ihrer recht eigentlichen Fabrikthätigkeit haben auf den ersten Blick etwas Tragikomisches. Aber schon heute ist ein großer Teil unseres Volkes durch die dahinter stehende Tendenz von den Schätzen unserer classischen Litteratur ebenso abgesperrt, wie von der sogenannten farblosen Presse der Gegenwart. An Stelle derselben sind massenhafte Romane, Novellen, lyrische Dichtungen rc. von correct infallibler Schulung getreten. Und auch für eine totale Umgestaltung der Litteraturgeschichte ist schon viel mehr gesorgt, als unsere „Gebildeten" sich träumen lassen.

Auch bei diesen Dingen aber sind die Jesuiten die Führer gewesen. Ihre „Stimmen aus Maria=Laach" haben gerade die Litteraturgeschichte activ und passiv mit großem Eifer und unleugbarem Geschick gepflegt. Es ist vollständig wahr, was sie von sich selbst rühmen: „Nicht nur auf Religion bezügliche, sondern auch philosophische, litterarische, pädagogische, socialpolitische, kirchenrechtliche, geschichtliche, ästhetische Gegenstände werden in competentester und elegantester Weise behandelt." Die „Kritiken über Kunst und Litteratur aller Völker" bilden zur Zeit sogar eine besondere Eigentümlichkeit dieses Organs, dem an redactioneller Vielseitigkeit weder die protestantischen Kirchenblätter noch die belletristischen Organe gleichkommen.

Unter den Dichtern der deutschen Ordensprovinz scheint Guido Maria Dreves, der Sohn des convertirten Ham-

burger Dichters des Jenaer Studentenliedes „Auf den Bergen
die Burgen", das Talent des Vaters geerbt zu haben. Aber
die Reclame für den auch als „Ulrich von der Uhlenhorst"
schreibenden „schneidigen Sänger" ist einfach maßlos. Wie
für ihn, so wird für die Patres Diel und Kreiber die
Lärmtrommel unverdrossen gerührt. Weniger Staat scheint
mit den Gedichten des fürstlichen Reclame=Jesuiten von
Waldburg=Zeil gemacht werden zu können. Dagegen be=
gegnen uns außer den schon in der Schrift „Katholisch oder
Jesuitisch?" als Schöpfer des neuen Begriffs classischer Dichtung
erwähnten Patres Gietmann und Jungmann neuer=
dings noch Schupp und Spillmann. Wieder andere be=
sorgen die Rubrik Gesang und Musik, so v. Doß, Mohr,
Link, Th. Schmid, auch der uns schon bekannte Pachtler.
Sogar Baukunst und Malerei werden wieder in die alt=
jesuitischen Bahnen geleitet.

Der zweifellos bedeutendste Vertreter der jesuitischen
schönen Litteratur dagegen, der allseitigste und „eleganteste"
„Weltmann und Dichter zugleich" — der „Goethe des
Jesuitenordens" — ist der gleiche Mann, der das böseste
aller Werke geschrieben hat, welche jemals über Goethe selbst
erschienen sind: A. Baumgartner. Er ist der Sohn eines
Landammanns von St. Gallen, der in seiner Blütezeit Führer
des schweizerischen Radicalismus war, und dessen Biographie
von der Hand des Sohnes eine ebenso unentbehrliche, wie
ungenügende Quelle der neueren Schweizer Geschichte bietet.
Es giebt kaum ein Sprachgebiet, auf welchem Baumgartner
nicht seine wahrhaft internationale Litteraturkenntniß bethätigt
hätte. Im Interesse der päpstlichen Weltherrschaft hat
er den amerikanischen Dichter Longfellow ebenso geschickt zu
verwerten verstanden, wie den Holländer Vondel. Seine
Reisebilder aus Island und Skandinavien und Rußland
zeigen ihn überall gleich sehr als Kenner jeder nationalen
Cultur der Neuzeit. Seine Schriften über Lessing und
Goethe (jene zweibändig, diese dreibändig) mag der Verehrer
der großen Dichter noch so sehr bedauern, — die gründlichste
Kenntnis aller ihrer Werke läßt sich ihnen nicht absprechen.
Als ein von Baumgartner noch zu erhoffendes Werk wird

eine „Weltlitteraturgeschichte" genannt. Nach allem, was ich von ihm gelesen habe, bezweifle ich keinen Augenblick, daß an Geist und Wissen kein zweites Mitglied seines Ordens so geeignet sein würde, ein derartiges Werk zu schreiben.

### Erläuterungen zu XI.

Während die religiöse Erbauungslitteratur der modernen Jesuiten durch die Erneuerung der schlechtesten Auswüchse des Fetischismus gekennzeichnet ist, müssen ihre Beiträge zur Litteraturgeschichte, und zwar sowohl zur nationalen als zur internationalen Litteraturgeschichte, als hochbedeutsam bezeichnet werden. Und zwar gilt dies gleich sehr von den eigenen dichterischen Leistungen einer Anzahl von Ordensgenossen wie von ihren litterargeschichtlichen Werken.

In vollem Gegensatze zu der maßlos gehässigen Tendenz, die durchweg auch in der litterargeschichtlichen Productivität des Ordens mit Bezug auf die Leistungen des Protestantismus zu Tage tritt, werden wir uns auch hier niemals dazu verleiten lassen dürfen, Gleiches mit Gleichem zu vergelten. Was wirklich geleistet wird, sei es wissenschaftlicher, sei es dichterischer, sei es künstlerischer Art, muß einfach geschichtlich begriffen werden. Gerade unter den neueren Jesuiten hat sich nun in der That eine größere Anzahl als begabte und productive Dichter bethätigt.

Eine gute Uebersicht sowohl der jesuitischen als der übrigen römisch-katholischen Lyriker — darunter verhältnismäßig viel Convertiten — ist in Wetzstein's Geschichte der „religiösen Lyrik der Deutschen im 19. Jahrhundert" (demselben Werke, auf welches der Verfasser unlängst in seinem Vorwort zu der neuen Ausgabe der Dichtungen Karl Schumacher's ebenfalls hinzuweisen hatte) zu finden. An dieser Stelle werden einige litterarische Erläuterungen zu den im Text gegebenen Daten genügen.

Die Gedichte von Dreves sind in den „Stimmen der Vorzeit" und in dem „Kranz ums Kirchenjahr" gesammelt. Die „Jesuiten-Wissenschaft und Gelehrsamkeit", der wir gerade in der Aufzählung der Dichter mit der Zuversicht folgen zu können glauben, daß sie Niemandes vergißt, könnte allerdings etwas stutzig machen, wenn sie über Dreves drei waschecht ultramontane österreichische Lobredner anführt, von denen der erstere u. A. den „schneidigen Sänger" rühmt. Unsere Bedenken müssen womöglich noch durch die alsbald folgende Nutzanwendung gesteigert werden: „So danken die deutschen Oesterreicher unserem Dichter für die Hebung des deutschen Nationalbewußtseins, und das undankbare Deutsche Reich spricht den Jesuiten deutsches Denken und Fühlen ab und verbannt solche Talente aus seinen Grenzen." Es kommt hinzu, daß die Art dieses „deutschen Nationalbewußtseins" schon von dem älteren Dreves in der Behandlung des schleswig-holsteinischen Freiheitskampfes als so ziemlich das Gegenteil von dem, was man sonst darunter versteht, documentirt wurde. Aber wir nehmen keinen Anstand, das „Talent" des Dichters anzuerkennen.

Von Pater Diel werden neben den litterargeschichtlichen Arbeiten über Friedrich v. Spee und Clemens Brentano die von seinem

Ordensgenossen Kreiten herausgegebenen zwei Bände nachgelassener Schriften gerühmt (Bd. I: Gedichte und Trauerspiel; Bd. II: Novellen). Dem Herausgeber Kreiten wird ebenfalls nachgerühmt, daß er die „poetische Litteratur durch eine Sammlung hübscher Weihnachtsgedichte „Bethlehem" und das schon in mehreren Auflagen erschienene „Den Weg entlang" bereicherte. An anderer Stelle finden wir überdies noch eine weitere Reclame über denselben: „P. Kreiten gab zwei in weiten Kreisen sehr geschätzte umfangreiche Monographien über Voltaire und Molière heraus, über die der „Preußische Staatsanzeiger" und die „Kreuzzeitung" voll des Lobes und der Anerkennung sind. Er schrieb ferner gemeinsam mit seinem Ordensgenossen J. B. Diel ein zweibändiges Leben des Dichters Cl. Brentano und besorgte noch eine Ausgabe der gesammelten Dichtungen Annette von Droste-Hülshoff's. Kreiten ist wegen seiner Meisterschaft des Stiles und wegen der Feinheit und Sicherheit seines litterarischen Urteiles auch über die Grenzen des katholischen Leserkreises sehr vorteilhaft bekannt."

Bei der Erwähnung Kreiten's mag zugleich — um so mehr, wo Verwechslungen beider nicht eben selten sind — auf die ähnlichen Arbeiten des dem Orden persönlich nicht angehörigen Keiter, obenan seinen Litteraturkalender, hingewiesen werden. Die Schrift Gietmann's über „classische Dichter und Dichtungen" hat den ersten Anlaß zu der einschlägigen (wiederholt erst entstellten und dann bespöttelten) Rubrik in „Katholisch oder Jesuitisch?" gegeben. Von Pater Schupp tragen wir noch nach, daß er „lyrische Gedichte" veröffentlicht hat, und daß wir ihm auch eine schöne illustrirte Schrift „Ein Besuch am La Plata" verdanken. Spillmann hat eine Anzahl Novellen veröffentlicht, die von beteiligter Seite ebenso gerühmt werden wie die massenhaften ähnlichen Producte des Kirchheim'schen und Bachem'schen Verlages. Von dem besonders durch seine pädagogischen Kunstgriffe hervorragenden Pater Pachtler muß noch eine Uebersetzung der Hymnen des römischen Breviers erwähnt werden. Dagegen haben wir über die Dichtungen des Fürsten von Waldburg-Zeil sogar in „Jesuitenwissenschaft und Gelehrsamkeit" nichts weiter gefunden, als die beiden inhaltreichen Sätze: „Nicht zu vergessen sind die Gedichte des Pater Waldburg-Zeil . . . Wir erwähnten eben den Fürsten von Waldburg-Zeil".

Auch Pater Baumgartner ist natürlich neben seinen litterargeschichtlichen Arbeiten auch selber als Dichter aufgetreten. Doch scheint er in dieser Beziehung noch nicht mit Goethe zu rivalisiren. Denn was unser panegyrischer „Wegweiser" über seine Gedichte sagt, lautet verhältnismäßig bescheiden. „Wir besitzen von P. Baumgartner ein Festspiel Calderon, welchem die Ehre einer spanischen Uebersetzung zu Teil wurde und das auch von deutschen Kennern sehr hochgestellt wird. Derselbe Verfasser gab die lauretanische Litanei in formvollendeten Sonetten heraus, die eben eine zweite Auflage erlebt haben." Um so überschwänglicher sind die Ausdrücke, in welchen seine litterargeschichtlichen Werke und seine Reiseschilderungen gepriesen werden. Es lohnt sich, die Seiten 20 bis 23 der Zusammenstellung der „Jesuiten-Wissenschaft und Gelehrsamkeit" im Einzelnen zu verfolgen: man wird sich dabei stets aufs

Neue an die geschickte Preßreclame für Janssen erinnert finden. Von Baumgartner's Werk über Goethe (in zweiter Auflage unter dem Titel: G., Sein Leben und seine Werke) hören wir u. A., daß dieses „monumentale Werk" „weitaus die beste und vollständigste Biographie ist, welche über Goethe existirt"; daß „die stilistische Formgebung die feinste, fast möchten wir sagen, weltmännischeste Ausbildung bekundet", daß „die Eleganz des Stils vom spielenden Witz bis hinauf zur feurigsten Beredtsamkeit" geht. Aehnlich die Urteile über „Lessing's religiösen Entwicklungsgang", mehr aber noch über die „Nordischen Fahrten", bei denen er „Alles mit anderen Augen sieht" als ein gewöhnlicher Reisender". Die Gruppirung dieser Preßstimmen stellt uns überdies bald den „Deutschen Reichsanzeiger und königl. preuß. Staatsanzeiger" und die „Münch. Allg. Ztg." vor Augen, bald „eine Reihe akatholischer Zeitschriften", bald „amerikanische, englische, isländische, schwedische, dänische Blätter".

In der Mehrzahl der belletristischen Blätter ist — in vollem Gegensatz zu dieser Reclame — das Goethe-Werk Al. Baumgartner's genau so behandelt, wie der Verfasser es von vornherein selber erwartete. Die an demselben geübte Kritik ist zweifelsohne darin im Recht, daß, wenn an die Größen der Jesuitenmoral der gleiche Maßstab angelegt würde wie hier an Goethe, das Ergebnis denn doch noch viel schwärzer ausfallen würde. Aber die Sache hat daneben trotz alledem noch eine andere Seite. Die Jesuiten scheinen in der That dazu geschaffen (bezw. wiederhergestellt), die auf ihren Lorbeern eingeschlafenen Protestanten auf ihre schwachen Punkte oder sagen wir offen: auf ihre Sünden aufmerksam zu machen. Diese (schon in mehreren der früheren Abschnitte gemachte) Beobachtung trifft jedoch sicherlich im höchsten Grade zu bei dem vernichtenden Hohn Baumgartner's über diejenigen, welche das Genie von der Befolgung der spießbürgerlichen Moral entbinden. Wer sich des Processes des Malers Gräfe in Berlin und vor allem der Haltung einiger sonst mit Recht angesehenen Zeitungen in diesem Processe erinnert, hat allen Anlaß, mit Jesaia zu bekennen: „Ich wohne unter einem Volke von sündigen Lippen." Aber bleibt es darum weniger tragisch, wenn ein Mann von der Begabung Baumgartner's bei einer Kolossalfigur wie Goethe oder Luther nur allein für die kleinen Menschlichkeiten ein Auge hat? Daß aber dies und kein anderer der Sehwinkel Baumgartner's ist, sagt uns sein eigener Bewunderer: „Wenn P. Baumgartner auf der Kanzel oder im Beichtstuhl thätig gewesen wäre, so hätte er sicher dem „modernen Gedanken" nicht so viel geschadet, als wenn er drei Bände über Goethe geschrieben und ein Idol zertrümmert, das dessen Anbeter gebildet haben." Gilt es hiernach nicht von Baumgartner ebensogut, wie von Janssen, daß die Herren am Fuß der Gletscher vor der ganzen Pracht des Hochgebirges stehen, aber für nichts in der Welt ein Auge haben, als für den vom Gletscher ausgeworfenen Schutt der Moräne?

## XII. Socialpolitik.

In die letzte Reihe habe ich diejenige Rubrik gestellt, in welcher die heutige Thätigkeit des Ordens im Grunde die umfassendste geworden ist, ja wahrhaft fieberhaft betrieben wird: die Socialpolitik. Wer genauer zusieht, stößt auch heute und auch bei uns sofort auf die gleiche Erscheinung, welche die Gesammtgeschichte des alten Ordens charakterisirt hat, am unzweideutigsten und verhängnisvollsten in Polen. Seine Propaganda ist nämlich auch jetzt gleich sehr auf die obersten wie auf die untersten Schichten der Gesellschaft berechnet. In ersterer Beziehung genügt der einfache Hinweis auf die von Zeit zu Zeit immer neu abgedruckten Listen, in welchen (ähnlich wie in den Reclamen mit den Vermögensverhältnissen der englischen Convertiten) die abligen Herren verzeichnet sind, welche gegenwärtig in Deutschland dem Orden angehören: die Herren von Berlichingen, von Bülow, von Egloffstein, von Hammerstein, von Nostiz u. s. w. Besonders häufig müssen dabei die Fürsten von Waldburg-Zeil und von Waldburg-Wolfegg-Waldsee ihre Rolle spielen, und neben ihnen ein Graf Fugger-Glött sowie der Prinz Wladislaw Radziwill (von dem Benedictinerprinzen Eduard Radziwill zu unterscheiden).

Um die allmähliche Steigerung in dem Einfluß des Ordens auf den Adel unserer Tage richtig zu würdigen, muß man von dem schon bald nach dem Wiener Congreß begründeten Klinkowström'schen Institut bis zu dem heutigen Kalksburg und den zahlreichen parallelen Anstalten anderer Länder den gegenseitigen Verband kennen und obenan den Reihen solcher Zöglinge folgen, wie jenes jungen Grafen Dehm, dessen Kalksburger Abiturientenrede gegen die alten Traditionen seines eigenen Geschlechtes Krieg führte. Was speciell in den österreichischen Jesuitengymnasien wirklich getrieben wird, haben die beiden ausschließlich aus den Acten geschöpften Schriften des verdienstvollen Prager Germanisten Kelle gezeigt.

Dem Einfluß auf die jesuitisch geschulten „Spitzen der Gesellschaft" stellt sich nun aber gleichzeitig die der Socialdemokratie den Weg bahnende Beeinflussung der „arbeitenden Classe" zur Seite. Wie weit dieselbe schon heute gediehen ist, kann man am besten in Belgien studiren. Auch die deutsche Socialdemokratie hat guten Grund, im Bunde mit dem Centrum den triumphirenden Wiedereinzug der Jesuiten zu wünschen. Allen Lehren der Geschichte zum Trotz aber erwarten sogenannt conservative Politiker das Heil der Zukunft von ihrer „Rettung" der Gesellschaft. Und die Selbstberühmung des Ordens geht heute besonders darauf hinaus: „Weil ihnen das Vaterland verwehrt ist, arbeiten sie bis jetzt litterarisch an der Lösung der großen (socialen) Frage der Gegenwart und Zukunft."

Die in dem letzten Satze constatirte Thatsache wird drastisch genug dadurch illustrirt, daß aus den früheren Jahren nur einige wenige Specialarbeiten vorliegen, während gegenwärtig ein größerer zusammenhängender Cyclus im Erscheinen begriffen ist. Die „Jesuitenwissenschaft und Gelehrsamkeit" weiß aus der früheren Zeit — abgesehen von den schon erwähnten Schriften von Cathrein und Heinrich Pesch — nur die folgenden kleinen Arbeiten zu nennen: Ehrle, „Beiträge zur Geschichte und Reform der Armenpflege", Zimmermann, „Englands öffentliche Schulen von der Reformation bis zur Gegenwart. Ein Beitrag zur Culturgeschichte", v. Nostiz=Rieneck, „Das Problem der Cultur". Dagegen heißt es von dem nunmehrigen zusammenhängenden Cyclus: „Frühere Aufsätze der Laacher Stimmen werden im Anschluß an die päpstliche Encyklica überarbeitet, ergänzt und gruppenweise zusammengeordnet." Das enge Wechselverhältnis zwischen der Thätigkeit des Ordens auf den mannigfachen Einzelgebieten und zwischen den päpstlichen Encyklicen, auf welches ich schon im Anfang bei der Thomas=Encyklica hinwies, wird hier also ausdrücklich auch hinsichtlich des bekannten Leoninischen Erlasses über die sociale Frage constatirt. Im Einzelnen werden dann bereits vor Jahresfrist acht jener Specialaufsätze namhaft gemacht: Th. Meyer, „Die Arbeiterfrage und die christlich=ethischen Socialprincipien"; Lehmkuhl, „Arbeitsvertrag und Streit"; Pachtler, „Die Ziele der Socialdemokratie und die liberalen Ideen"; Lehmkuhl,

„Die sociale Not und der kirchliche Einfluß"; Cathrein, „Das Privateigentum und seine Gegner"; Lehmkuhl, „Die sociale Frage und die staatliche Gewalt"; H. Pesch, „Die geistigen Waffen der Socialdemokratie"; Lehmkuhl, „Internationale Regelung der socialen Frage".

Der eifrigste Schreiber ist hiernach Lehmkuhl; doch möchten Cathrein und Heinrich Pesch an Gewandtheit der Dialektik ihn überragen. Außerdem aber darf auch in dieser Rubrik der von seiner lutherischen Ketzerei so vorbildlich bekehrte Herr von Hammerstein natürlich nicht fehlen. Allerdings können nur kleinere Schriften von ihm erwähnt werden, der „Arbeiterkatechismus", „die Socialdemokratie bei Licht besehen" und „Kann ein Christ Socialdemokrat sein?" Dafür kann von dem mehrgenannten Panegyriker in unmittelbarem Anschluß an diesen Herrn von Hammerstein das von seinem gleichnamigen Vetter redigirte Organ zum Succurs beigezogen werden.

### Erläuterungen zu XII.

Mehr als bei irgend einer andern Thätigkeit erscheint die Gesellschaft Jesu in den socialen Angelegenheiten als die gegenwärtige Führerin der ecclesia militans. Während noch im Jahre 1848 ein Mann wie Radowitz sich öffentlich gegen die Jesuiten erklärte, konnte auf der Kölner Katholikenversammlung der präsidirende Professor Orterer unter jubelnder Zustimmung die These proclamiren: „Wir sind alle Jesuiten." Aber selbst in den öffentlichen Reden und Resolutionen dieser Generalversammlungen tritt es nur zum kleinsten Teile zu Tage, was in diesem Lager unter der „Lösung der socialen Frage" verstanden wird. Die „katholisch-kaufmännischen Vereine" und die zahlreichen ähnlichen Verbände betreiben ihre Geschäfte möglichst im Dunkeln. Man muß daher besonders die belgischen Zustände studiren, um die Art des Schutzes, welchen die Herrschaft der Jesuiten vor dem Anarchismus gewährt, nach Gebühr würdigen zu lernen. In unserem heutigen Zusammenhang aber konnten nur diejenigen deutschen Ordensmitglieder aufgezählt werden, welche in der Socialpolitik nach dieser oder jener Seite eine active Rolle spielen.

Im Unterschiede von den obersten und untersten gesellschaftlichen Schichten hat der selbständige Bürgerstand, diese im vollen Sinne des Wortes arbeitende Gesellschaftsklasse, auch in den römisch-katholischen Ländern immer wieder seine Unabhängigkeit von dem Orden zu wahren gesucht. Aber der im heutigen Bayern schon sprichwörtlich gewordene „Geschäftskatholicismus" hat auch dies immer schwieriger gemacht.

Die Art der Einwirkung auf den deutschen, auch den deutsch-evangelischen Adel, zumal durch Vermittelung solcher Convertiten, wie des Herrn R. v. R. (Rochus von Rochow), ist in dem Anhange zu meinem Sendschreiben an den Grafen Winzingerode „Der christliche Adel deutscher Nation" quellenmäßig geschildert. Dieselbe hat sich obenan in der Parteinahme des „Deutschen Adelsblattes" für die Aufhebung des Jesuitengesetzes bekundet. In den gleichen Zusammenhang stellen sich die Versuche, die Verdienste der Jesuiten um die Erhebung der Kurfürsten von Brandenburg zur Königswürde und die (natürlich nur sehr unvollständig wiedergegebenen) Aeußerungen Friedrich's des Großen zu Gunsten des heutigen Ordens zu verwerten. Die Kühnheit, mit welcher auch hier die wirkliche Geschichte zur „Geschichtslüge" gestempelt wurde, darf wenigstens das eine Verdienst beanspruchen, die gediegenen Schriften von Fey über den ersten, von Witte über den zweiten Punkt veranlaßt zu haben. Auch die schon wiederholt angeführte jesuitenfreundliche Broschüre bringt nach dieser Seite hin ebenfalls wieder neue Belege. So in dem Appell an den Bundesrat: „Möchte doch der Bundesrat bald darüber nachdenken, ob er noch länger dulden will, daß die Söhne der edelsten deutschen Fürsten- und Grafen-Familien genötigt werden, im Ausland ihr Brod als Schriftsteller zu verdienen! Wir erwähnten eben den Fürsten von Waldburg-Zeil. Auch der Neffe desselben ist dem Onkel in die Gesellschaft Jesu gefolgt. Ja selbst Verwandte des kaiserlichen Hauses sind Jesuiten. Wir erinnern noch an die Namen de Haza-Radlitz, Graf v. Hoensbroech, v. Hammerstein, v. Laßberg, v. Nostitz-Rieneck, v. Schorlemer u. a. m."

Der in diesem Verzeichnis an die Spitze gestellte Herr v. Haza-Radlitz ist der Hofmarschall des letzten regierenden Herzogs von Anhalt-Köthen gewesen. Mit dem Cabinetssecretair Herrn Klitsche de la Grange zusammen hat er unter der Leitung des späteren Jesuitengenerals Beckx die „Bekehrung" dieses Herzogs und seiner Gemahlin zu Wege gebracht. An die Bekehrung der regierenden Familie schloß sich der (in meiner Monographie von 1869 „Welche Wege führen nach Rom?" quellenmäßig charakterisirte) Versuch, in einer auf unser Jahrhundert eingerichteten Weise den altjesuitischen Grundsatz des „Cujus regio, ejus religio" auch auf die Regierung der evangelischen Landeskirche zur Anwendung zu bringen. Welche Rolle die Herzogin nachmals als Beichtkind von Beckx in Wien, Dresden, Breslau gespielt hat, ist zwar aus den Memoiren der Fürstin Metternich und des Fürstbischofs Sedliczki schon teilweise bekannt, doch hoffe ich aus noch ungedruckten eigenhändigen Briefen derselben die unterirdische Thätigkeit einer so bewährten Jesuitenschülerin einmal näher kennzeichnen zu können. Wie viele andere Parallelen die vielbeliebten „Wege nach Rom" aber auch sonst hierzu bieten, so müssen wir uns doch heute mit dieser einzelnen Andeutung begnügen.

Denn um vieles wichtiger noch als die Einwirkung solcher jesuitisch geschulten „Spitzen der Gesellschaft" ist die sociale Thätigkeit des Ordens in dem heute üblichen Sinne des Wortes: die Umschmeichelung des Proletariats. Genau ebenso wie in den pädagogischen werden auch in den socialen Fragen die jesuitischen Recepte als die allein probaten angepriesen. Neben der so trefflich bisciplinirten klerikalen Tagespresse singen auch zahlreiche sogenannte protestantische Stimmen dieselbe Melodie. Vor allem aber sind und bleiben es doch die Ordensgenossen selber, welche auch hier systematisch um die Unterdrückung aller abweichenden Anschauungen bemüht sind. Gegenwärtig werden schon ganz offen die „mehrere Hunderte von Artikeln, welche deutsche Jesuiten in das Herder'sche Staatslexikon und die neue Auflage des Kirchenlexikons geschrieben haben", gepriesen. Früher suchte man noch gern den Blick davon abzulenken, in wie systematischer Weise der Text des Wetzer' und Welte'schen Lexikons in der zweiten Auflage gegen die erste verändert ist.

Von dem Umfang und Charakter dieser Seite der Ordensthätigkeit erhalten wir allerdings auch) dann, wenn wir die Namen der dabei unter ihrem Namen auftretenden Jesuiten zusammenstellen, immer noch erst eine sehr bruchstückweise Vorstellung. Aber man kann doch leicht erkennen, wie gerade gegenwärtig die kluge Politik des Ordens hier besonders einsetzt. Hören wir die Art, wie dies motivirt wird, in seinem eigenen Jargon: „In Deutschland stehen die Socialdemokraten wieder unter dem gemeinen Recht, den Jesuiten aber ist durch ein Proscriptionsgesetz Luft und Licht verwehrt. Und doch sind die Jesuiten ganz vorzügliche Werkzeuge, um dem Gift der Socialdemokratie zu wehren und die sociale Frage im positiven Sinne zu lösen .... Weil ihnen das Vaterland verwehrt ist, arbeiten sie bis jetzt litterarisch an der Lösung der großen Frage der Gegenwart und Zukunft." Mit besonderer Genugthuung wird dabei ein Artikel der „Kreuzzeitung" (1892 Nr. 317) über den im Text erwähnten Broschürenchlus verwertet. Es heißt hier u. A.: „Gern muß anerkannt werden, daß alle bis jetzt in besonderen Abdrücken aus den „Stimmen aus Maria-Laach" veröffentlichten, mit Ruhe wie Sachkenntnis abgefaßten Schriften zu den gediegensten Arbeiten auf dem socialen Gebiete gehören; — ein tüchtiges, scharfes Verteidigungsmittel im Kampfe der Geister." Dem wird dann beigefügt: „Also ein Berliner protestantisches Hauptorgan giebt zu, daß die Jesuiten zur Verteidigung der gefährdeten staatlichen Ordnung tüchtige und scharfe Waffen führen. Die Kämpfer müssen aber jenseits der deutschen Grenze stehen und dürfen nur die Waffe des gedruckten Wortes schwingen. Für sie soll das Ausnahmegesetz bestehen bleiben, während es für die gefährlichsten Feinde der staatlichen Ordnung beseitigt worden ist."

Daß in Wirklichkeit das Verhältnis von Jesuiten und Socialdemokraten das von Schülern und Lehrern ist, muß natürlich wieder besonders in Belgien studirt werden. Aber auch bei uns entstammen fast alle wichtigeren Thesen der Socialdemokratie der jesuitischen Schulung. Auch hier ist es in letzter Reihe wieder ihr heiliger Thomas, der zum Lehrer der Gegenwart wurde. Die instructive Ritschl'sche Göttinger Rectoratsrede und die Specialschrift Thilötter's haben das merkwürdige Verwandtschaftsverhältnis der ultramontanen und der socialdemokratischen Staatsidee — Herrn von Hertling zum Trotz — ebenso dargethan, wie die geistvolle Studie des schweizerischen Juristen Hilty „Thomas von Aquin und Lassalle". Schon vor zwei Jahrzehnten hat eine Schrift des Braunschweiger Socialdemokraten Bernhard Becker über „den alten und den neuen Jesuitismus, oder die Jesuiten und die Freimaurer" eine echt jesuitische Schulung in der Beschimpfung der Loge gezeigt. Heute nährt sich die socialdemokratische Presse bei den Personen ihres Schimpfwörterlexikons in erster Reihe aus den Speichern der Caplansblätter. Schon im Jahre des Lutherjubiläums ist dies drastisch zu Tage getreten. In dem Jahre des Gustav-Adolf-Jubiläums aber konnte man allen Ernstes die Preisfrage stellen, ob der „Vorwärts" die „Germania" oder die „Germania" den „Vorwärts" in dem maßlosen Haß gegen den Retter und Märtyrer des evangelischen Glaubens übertrumpfe.

## III.
## Die litterarische Production als Teil der Gesammtthätigkeit.

Fassen wir zum Schluß noch einmal unseren Gesammteindruck von allen jenen wissenschaftlichen Einzelgebieten zusammen, so muß dabei stets zwischen zwei grundverschiedenen Factoren unterschieden werden. Denn es ist einerseits gar kein schärferer Gegensatz möglich als zwischen der von dem Jesuitenorden in der einen wie in der anderen Wissenschaft vertretenen Tendenz und allem dem, was das Evangelium Jesu uns als menschenwürdiges Dasein erkennen gelehrt hat. Andererseits aber kann ein geschichtlich unbefangenes Urteil nicht anders, als die gewaltige Arbeitsleistung bewundern, die uns in jedem Einzelfache gleich sehr entgegentritt.

So sehr wir uns daher auch in jeder Einzelabteilung auf's Neue des diametralen Gegensatzes bewußt werden mußten, in welchem der Orden zu der Gesammtwissenschaft steht, so wenig möchten wir andererseits mit der Anerkennung für alles, was Anerkennung verdient, zurückhalten. Schon die Selbstverleugnung der einzelnen Gelehrten, welche, statt in der heute üblichen Art die Carrière der Standeserhöhungen, Titel und Orden zu suchen, alle eigenen Interessen gegen das gemeinsame Ziel der Gesellschaft zurückstellen, verlangt eine klare Unterscheidung zwischen der Tendenz an sich und der Arbeit bestimmter Personen für diese Tendenz. Geradezu Bewunderung aber verdienen der Mut und der Unternehmungsgeist in der Leitung einer Gesellschaft, welche die Entwicklung sämmtlicher Wissenschaften in eine den modernen Weltanschauungen schnurstracks entgegenstehende Bahn leiten zu können glaubt.

Nichts kann verkehrter sein, als in der Gesellschaft (Societas, Compagnie) Jesu einen bloßen Mönchsorden oder gar nur eine theologische Schule zu sehen. Ihre Thätigkeit umspannt neben gar vielem andern auch das Gesammtgebiet der ge-

lehrten Fächer. Das gleiche Ideal, welches der Stolz unserer
Universitäten ist, der große Gedanke von der Einheit der
Wissenschaft, deren verschiedene Fächer alle nur Teile eines
einheitlichen Ganzen sind, liegt auch bei den Jesuiten jedem
einzelnen Stück ihrer Arbeiten zu Grunde. Nur ist allerdings
die Auffassung dieses Ideals die schlechthin entgegengesetzte.
Der selbständigen Ausbildung jeder Specialwissenschaft (wie
jedes Individuums) steht die unbedingte Unterordnung unter
eine unfehlbare Instanz gegenüber. Der gleiche Zustand, den
früher die Inquisition mit ihren Ketzer- und Hexenprocessen
in dem ganzen Bereich der abendländischen Christenheit durch=
gesetzt hatte, soll wiederhergestellt werden. Das alleinselig-
machende Papstum soll die Alleinherrschaft wiedergewinnen:
wie über die Leiber, so über die Geister.

Auch in dieser Hinsicht — wie in mancher anderen — ist
aber schon längst viel mehr erreicht, als unsere Herren Politiker
ahnen. Nicht nur in Canada und den Vereinigten Staaten,
sondern auch in Belgien und Frankreich und neuerdings sogar
in der Schweiz, sind bereits eine Reihe von „freien katho=
lischen" Universitäten mit sämmtlichen Facultäten ins Leben
gerufen. Die mancherlei Schäden des heutigen staatlichen
Universitätswesens, auf welche nicht nur durch die Ratzinger
und Sigl im bayerischen Abgeordnetenhause mit ätzendem Hohn
hingewiesen wird, sondern die auch in der Tageslitteratur im
erneuerten Tone Gregor's XVI. laut genug ausgerufen werden, kommen diesem Streben nur zu sehr entgegen. Die auf
den „katholischen General-Versammlungen" auch für Deutschland aufgestellte Forderung jener freien katholischen Universität ist nichts weniger als das Phantom, für welches die
Zeitungsleser sie halten.

Sogar für die medicinische Facultät, die in unserer
heutigen Rundschau außer Betracht bleiben mußte, wird
mit leichter Mühe gesorgt. In dem schweizerischen Freiburg ist bereits Prälat Kneipp mit der Vorarbeit
für die Organisation derselben betraut worden. Wer die
französische und belgische psychiatrische Litteratur kennt (wie
sie im Anhang der Schrift über „die psychiatrische Seite der
Heilthätigkeit Jesu" vermöge der freundlichen Hilfe der fach-

männischen Collegen mit berücksichtigt werden konnte), der weiß auch, wie viele Brücken herüber und hinüber geschlagen werden. Daß sogar die Revue des deux mondes nach der Audienz ihres Redacteurs Brunetière bei Leo XIII. den Bankerott der Wissenschaft proclamirt und an ihre Stelle den Glauben, das heißt die Unterwerfung unter das Papsttum, gesetzt hat, redet deutlich genug. In Deutschland aber beginnen inzwischen die eng unter sich zusammenhängenden katholischen Studentenvereine mit ihren Tausenden von alten Herren bereits ähnlich wie in Belgien dafür zu sorgen, daß auch der Arzt so gut wie der Anwalt und der Lehrer, von dem Kaufmann und dem Handwerker nicht zu reden, für den Kampf ums Dasein sich am sichersten gestellt weiß, wenn er sich, statt an den weltlichen, an den „Gottesstaat" hält.

Nun kommt aber überdies noch hinzu, daß diese systematische Umgestaltung der Gesammtwissenschaft immer noch erst ein Stück eines weit größeren Ganzen bildet. Wir lassen es dabei noch ganz außer Betracht, daß in allen einzelnen Wissenschaften auch völlig außerhalb der Papstkirche allerlei Strömungen bestehen, die derselben zu Gute kommen, und in deren Entdeckung und Benutzung gerade die Jesuiten Meister sind. Freilich bedürften auch diese Dinge längst einmal einer zusammenfassenden Darstellung. Aber heute müssen wir uns auf den andern Gesichtspunkt beschränken, daß seit dem Baticanum die Jesuiten die Herrscher sind in der Papstkirche als solcher. Herr von Schulte hat schon in einer Monographie von 1872 über die Orden und Congregationen unserer Tage kirchenrechtlich dargethan, daß die Verfassung dieser sämmtlichen Congregationen tiefgreifende Veränderungen im jesuitischen Sinne erlitten hat, daß sie heute alle mehr oder weniger von einer jesuitisch beeinflußten Centralstelle abhängig sind. Ja noch mehr. Was ist heute aus dem alten Unterschied, um nicht zu sagen Gegensatz, der Benedictiner und Cistercienser, der Dominikaner und Kapuziner zu den Jesuiten geworden? Haben nicht auch diese Orden heute insgesammt die gleiche Heeresfolge zu leisten wie die Bischöfe und die Weltgeistlichkeit?

Der Benedictiner Haneberg hat sich so gut wie sein Freund Hefele dem Dogma gebeugt. Aeußerlich betrachtet, ist das Kloster Beuron in den Besitz von Maria-Laach getreten. Dafür aber hat der Geist der Laacher Stimmen und der Philosophia Lacensis auch die Benedictinerschulen sich unterworfen. In der Geschichte der katholischen Mission so gut wie bei den Controversfragen in der Moral sind die vorvatikanischen Dominikaner der Gegenpol zu den Jesuiten gewesen. Seit die letzteren den Hauptheiligen jener als Philosophen der Zukunft proclamirt haben, führen die Dominikaner die Dinge aus, bei denen den Jesuiten ihr Name im Wege steht. So bei der Begründung der Thomasprofessur in Amsterdam. So bei der Errichtung der Universität in dem schweizerischen Freiburg. Während aber in dieser geschlossenen, einheitlichen Weise an allen Orten gleich sehr der Kampf gegen die protestantische Erzketzerei geführt wird: wie ist da bei uns selber, in unserem Deutschland, die Lage?

Ist dieselbe vielleicht dadurch besser geworden, daß der auf Aufhebung des Gesetzes vom 4. Juli 1872 gerichtete Reichstagsbeschluß vom 16. April 1894 im Bundesrat keine Annahme gefunden hat? Die nächste Folge des bundesrätlichen Entscheides dürfte nach vielfacher Erfahrung vielmehr darin bestehen, daß die große Mehrzahl unserer Zeitgenossen nun erst recht glauben wird, die Hände in den Schooß legen zu können. Und doch ist von Centrums wegen bereits laut angekündigt, daß in der nächsten Reichstagssitzung der gleiche Antrag neu gestellt werden wird. Und jede neue socialdemokratische Reichstagswahl giebt eine Stimme mehr für die Jesuiten.

Der uns in Zukunft obliegende Kampf ist somit ein viel umfassenderer als jemals zuvor. Gerade darum wünsche ich von unserer Seite jede Nachahmung der echten Jesuitenmethode persönlicher Schimpfereien vermieden und den Principienkampf in einer Weise geführt, wie es der Erben der Segnungen der Reformation würdig ist.

Gleichzeitig aber möchte ich denen, welche sich über die Unterbrückung der Jesuiten beklagen, einen Vorschlag zur Güte machen. In der heutigen Sachlage haben wir ja eine vollständige Umkehrung aller Begriffe vor uns. Im Namen der Gewissensfreiheit, im Namen der freien Forschung wird der gleiche Orden auf den Schild gehoben, dessen oberste Aufgabe von Anbeginn an in der Verfolgung der Andersdenkenden, in der Vernichtung jeder selbständigen wissenschaftlichen Arbeit bestanden hat. Das nimmt freilich nicht weg, daß unseren Gegnern nichts so gelegen kommt, als der Umstand, sich als die Verfolgten, als die „Verfehmten" ausspielen zu können. Wir reden dabei nicht einmal von der erprobten Centrumstaktik, den Jesuitenantrag als Zwickmühle zu benutzen und sich für die Verschiebung seiner Ausführung andere Concessionen (Zedlitz'sches Schulgesetz u. dgl.) machen zu lassen. Aber schon um jener principiellen Mißdeutung willen wünschen auch wir eine Klärung dessen, was gesetzlich gestattet werden kann und was nicht. Nur muß einer solchen Lösung der Jesuitenfrage die einer ganz anders die Gewissen berührenden Frage vorhergehen. Daher denn unser „Vorschlag zur Güte".

Gewährt doch selber einmal erst die Luft und das Licht, wovon ihr die Jesuiten als ausgeschlossen bezeichnet, den gleichen Männern, in denen das ganze katholische Deutschland bis zum Jahre 1870 seine Führer und Vorkämpfer sah: euren Altkatholiken! Wie aber werden diese noch immer behandelt! In Bayern ist mit der ersten Grundlage des Rechtsstaates gebrochen, um nur ja „mit der altkatholischen Sache ein Ende zu machen". In Baden hat eine unkluge Bureaukratie eine Reihe von Gemeinden mit denselben Mitteln, wie die alte Gegenreformation, ihrem Glauben abtrünnig zu machen gesucht. Was an den preußischen Gymnasien gesündigt worden ist, wurde schon früher erwähnt. Und doch ist dies gerade in Preußen nur wieder eines von Vielem. Das umfassende Werk Schulte's über den Altkatholicismus bringt eine kaum übersehbare Fülle der schlimmsten Verschuldungen seitens des gleichen Staates, der in der gleichen Zeit den Culturkampf geführt hat.

Alles dessen ungeachtet aber, und der steigenden Ungunst der politisch-socialen Verhältnisse zum Trotz: wie lange wird es noch dauern, bis der Engel des Herrn wiederum reden wird: „Sie sind gestorben, die dem Kinde nach dem Leben trachteten"? Wohl hat man die bisherigen Facultäten zerstört, schließlich auch die treffliche Bonner Facultät abermals preisgegeben; ja sogar die dürftige Entschädigung für diese Preisgebung, jene ganzen 6000 ℳ Jahreszuschuß für das altkatholische Seminar, sind durch eine parlamentarische Majorität abgelehnt worden. Das ist die Freiheit gewesen, welche die Gönner der Jesuiten unseren glaubenstreuen Altkatholiken gegönnt haben. Aber auch gegenüber solchen parlamentarischen Bauleuten wird das Wort seine Wahrheit behalten: „Der Stein, den die Bauleute verworfen haben, ist zum Eckstein geworden!"

Ich weiß sehr wohl, daß im evangelischen Deutschland heute noch wenige so urteilen. Aber ich möchte die anders Urteilenden vor eine einfache geschichtliche Frage stellen: An wem hat es gelegen, daß der alte Jesuitenorden aufgehoben wurde? Sind es vielleicht Protestanten gewesen, welche den Anstoß dazu gegeben haben? Oder war etwa der Papst, der die Bulle: „Dominus ac redemptor noster" erließ, ein Häretiker oder Schismatiker?

Sind es nicht vielmehr jene großen geistigen Strömungen des 18. Jahrhunderts gewesen, die erst durch die französische Revolution zurückgedrängt wurden, die aber vor diesem schweren Gottesgericht über die Schöpfungen der Gegenreformation sich vom protestantischen auf den katholischen Boden übertragen hatten? Und war es nicht das — Katholiken und Protestanten gemeinsame — moralische Gefühl, welches sich aufbäumte gegen die jesuitische Immoral?

Aber lassen Sie mich aus dem 18. schließlich noch einmal ins 19. Jahrhundert zurückkehren, zu den Jahren, welche dem Jesuitendogma den so oft vergeblich erhofften Sieg über den deutschen Katholicismus gebracht haben! Alle die andern Berechnungen der klugen Rechner haben sich erfüllt, die Berechnung auf die Unwissenheit der großen Masse, wie die auf die Eigenweisheit der Diplomaten. Nur eine einzige schlug fehl: die Glaubenstreue unserer altkatholischen Landsleute, obenan ihrer Theologen und Historiker, war nicht mit in jene Berechnung aufgenommen. Diese Glaubenstreue hat uns aber allmählich auch auf evangelischem Boden gezeigt, wo wir in die Schule gehen und die Waffen holen müssen, die uns zu unserer eigenen Verteidigung von Nöten sind.

Lassen Sie mich hier wenigstens noch mit einem kurzen Worte auf die Rüstkammer verweisen, die der 1869 begründete „Deutsche Merkur" bietet! Es ist eine schöne, bereits in Angriff genommene Aufgabe unseres evangelischen Bundes, die in dem letzten Vierteljahrhundert erschienenen Bände dieser unersetzlichen Zeitschrift durch ein genaues Register auch für die noch Ungeschulten brauchbar zu machen und die weiter erscheinenden Jahrgänge auch bei uns zu verbreiten. Das letztere gilt nicht minder von dem deutschen „Altkatholischen Volksblatt", dem schweizerischen „Katholik", dem österreichischen „Altkatholik", dem holländischen „Oudkatholiek", dem italienischen „Labaro" und — last not least — von der großartigen Schöpfung der „Revue internationale de théologie". Von dem gediegenen französischen Gelehrten Michaud redigirt, zählt diese Zeitschrift eine Reihe hervorragender englischer, griechischer, armenischer, russischer Mitarbeiter. Aber in der Mitte von jenen allen finden Sie unsere deutschen, schweizerischen, holländischen Altkatholiken, und auch evangelische Theologen fehlen in diesem Kreis nicht.

Allein auf diesem Wege des freundschaftlichen Zusammenwirkens aller papstfreien Kirchen aber ist das Heil der Zukunft gelegen. Der internationalen Macht des Papsttums gegenüber war bisher, wie jeder Einzelstaat, so auch jede Particularkirche von vornherein im Nachteil. Daß dies nunmehr anders wird, hat noch unlängst der dritte internationale Altkatholikencongreß in Rotterdam gezeigt. Die Kirche von Utrecht ist einst die Zuflucht der verfolgten Jansenisten gewesen. Sie hat, als die deutschen Bischöfe der Concilsopposition insgesammt ihre frühere Ueberzeugung verleugneten, auch unsern deutschen Altkatholiken ihre kirchliche Organisation ermöglicht. Aus dem Senfkorn ist schon heute eine stattliche Staude geworden.

Aber nicht genug mit diesen katholischen Gegnern des Jesuitismus, bei denen endlich auch die übliche protestantische Unwissenheit in die Schule zu gehen beginnt, — auch aus dem Jesuitenorden selbst sind unserer Sache die besten

Bundesgenossen erstanden. Zu Passaglia und Curci ist heute auch in Deutschland Graf Hoensbroech getreten.

Passaglia hatte mit dem umfangreichen Buch zur Verteidigung der conceptio immaculata begonnen. Womit er schloß, durfte ich bereits im Jahre 1861 in den Protestantischen Monatsblättern Gelzer's aus seinen späteren Schriften darlegen. Curci ist der Begründer der Civiltà cattolica. Er schloß mit der Uebersetzung der Evangelien als des bis dahin in Italien unbekanntesten Buches. Auch bei dem Grafen Hoensbroech wollen Sie, um die volle Bedeutung des Mannes und seines aus schwerer Gewissensbedrängnis erwachsenen Austritts aus dem Orden gebührend zu würdigen, niemals seine früheren Schriften vergessen. Es sind ihrer fünf: 1) Warum sollen die Jesuiten nicht nach Deutschland zurück? 2) Der Kirchenstaat in seiner dogmatischen und historischen Bedeutung. 3) Die erste päpstliche Encyklica. 4) Neue Briefe an einen Protestanten. 5) Christ und Widerchrist. Die erste dieser Schriften steht neben derjenigen von Knie, dem damaligen Redacteur der Bonifaciusbroschüren (die, wie diese Broschüren überhaupt, in „Katholisch oder Jesuitisch?" näher gekennzeichnet ist), an der Spitze der Litteratur, in welcher die Rückkehr des Ordens verlangt wird. Die zweite ist auf besonderen Wunsch Windthorst's herausgegeben. Die dritte hat außerordentlich geschickt eine Hypothese Harnack's verwertet, der eine bis dahin andern Verfassern zugeschriebene altkirchliche Schrift gegen das Würfelspiel dem römischen Bischof Victor beilegte. Die vierte vertritt verwandte Gedanken, wie Hoenstroech's früherer Genosse Hammerstein, nur mit etwas mehr Geist. Die fünfte ist eine bitterböse Sammlung von Excerpten aus der neuesten deutschen Theologie, die in der bei den Jesuiten üblichen Weise der gläubigen Gemeinde als ungläubig denuncirt wird.

Wie Sie wissen, hat sich Hoensbroech später über die dem Ordensprincip entsprechende Vorenthaltung der Litteratur beklagt. Es sind ihm nämlich Citate zur Benutzung in die Hände gespielt worden, die bewußte Fälschungen der schlimmsten Art einschließen. Ich vermute, daß die Entdeckung, wie man ihn scheinbar zum Mitschuldigen an diesen Fälschungen gemacht hat, bei seinem Austritt aus dem Orden nicht in letzter Linie gestanden hat.

Sind doch solche Fälschungen gerade in unseren Tagen bei der jesuitisch geschulten Presse zur zweiten Natur geworden. Die Jenaer theologische Facultät hatte vor einigen Jahren mit Bezug auf die protestantischerseits so oft falsch aufgefaßten monita secreta die Preisfrage gestellt: „Geschichtliche Grundlagen der satirischen monita secreta". Die „Germania" und ihr nach eine Reihe anderer klerikaler Blätter meldeten sowohl die Preisausschreibung als die Preiserteilung Beide Male war das das geschichtliche Thema kennzeichnende Adjectiv „satirisch" gestrichen.

Die zuletzt angeführten Erfahrungen zeigen die Natur des uns durch den restaurirten Orden aufgenötigten Kampfes wieder so recht unter der johanneischen Beleuchtung des Gegensatzes des Lichtes gegen die Finsternis. Aber bei alledem kann ich nur nochmals wiederholen: es ist ein tiefernstes Bild, das ich Ihnen zu entwerfen gehabt habe über jene Gefahren, die Döllinger schon 1870 geweissagt hat in dem erschütternden Bilde von dem Keile, der in das werdende neue Reich hineingesprengt würde; Gefahren, die seither mit jedem Jahre gewachsen sind. Wir werden den Sieg nicht erleben, wenigstens wir Aelteren nicht. Aber wir wollen unsere Schuldigkeit thun, um unsere Kinder und Kindeskinder vor der Erneuerung der Geschicke des 17. Jahrhunderts zu erretten. Und wir bauen dabei auf die Verheißung unseres Heilandes: „So ihr Glauben habt als ein Senfkorn, so möget ihr sagen zu diesem Berge: Hebe dich von hinnen dorthin, so wird er sich heben." Wenn wir nur selber in diesem Glauben unseres Herrn stehen und kämpfen, so wird auch an unserer Kirche das Wort in Erfüllung gehen, womit unser Vorsitzender die Versammlung vom 20. Mai geschlossen hat: „Nicht daß die Gesellschaft Jesu unsere evangelische Kirche erschüttern könnte, im Gegenteil wird sie deren Einigkeit und Widerstandskraft vermehren helfen."

Das walte Gott!

# Inhaltsverzeichnis.

Seite.

I. Rückblick und Rundblick . . . . . . . . . . . . 1
II. Die einzelnen wissenschaftlichen Fächer.
    I. Philosophie . . . . . . . . . . . . . . . . 8
        Erläuterungen . . . . . . . . . . . . 12
    II. Naturwissenschaft . . . . . . . . . . . 16
        Erläuterungen . . . . . . . . . . . . 19
    III. Jurisprudenz . . . . . . . . . . . . . 21
        Erläuterungen . . . . . . . . . . . . 24
    IV. Pädagogik . . . . . . . . . . . . . . 29
        Erläuterungen . . . . . . . . . . . . 32
    V. Politische Geschichte . . . . . . . . . 35
        Erläuterungen . . . . . . . . . . . . 37
    VI. Kirchengeschichte . . . . . . . . . . . 40
        Erläuterungen . . . . . . . . . . . . 42
    VII. Geographie . . . . . . . . . . . . . . 44
        Erläuterungen . . . . . . . . . . . . 45
    VIII. Philologie . . . . . . . . . . . . . . 46
        Erläuterungen . . . . . . . . . . . . 47
    IX. Theologie . . . . . . . . . . . . . . . 48
        Erläuterungen . . . . . . . . . . . . 51
    X. Erbauungslitteratur . . . . . . . . . . 53
        Erläuterungen . . . . . . . . . . . . 54
    XI. Schöne Litteratur und Litteraturgeschichte . . . 57
        Erläuterungen . . . . . . . . . . . . 59
    XII. Socialpolitik . . . . . . . . . . . . . 62
        Erläuterungen . . . . . . . . . . . . 64
III. Die litterarische Production als Teil der Gesammtthätigkeit 68

Die Seite 2 gemachte Bemerkung über die jesuitenfreundlichen Citirungskünste bei den Schriften des Verfassers hat sich schon vor der Herausgabe dieser kleinen Schrift aufs neue bestätigt. Die Germania vom 13. März bringt von ihrem bekannten Leipziger r.=Correspondenten (Dr. Max Oberbreyer) den nachstehenden Artikel:

r. **Leipzig,** 12. März. Der im Bunde mit Fricke=Leipzig und Beyschlag=Halle als Gegner der katholischen Kirche, Evangelischer Bundesbruder und Jesuitenhasser zur Genüge bekannte Jenenser Theologe **Nippold** machte in drei Artikeln des Leipz.Tageblatt mit der Marke „**Nachdruck erwünscht**" letzthin Reklame für seine in einem hiesigen Verlage demnächst erscheinende Broschüre „**Die jesuitische Litteratur im gegenwärtigen Deutschland**", in welcher er „ein vollständiges Bild der Umgarnung des ganzen deutschen Geisteslebens durch den Jesuitismus" zu geben verspricht. Diese Schrift wird ja von berufener Seite s. Zt. wohl gewürdigt werden. Wir heben hier nur aus Nippold's letztem Artikel, der u. A. die Thätigkeit der Jesuiten auf dem Gebiete der schönen Litteratur und Litteraturgeschichte bespricht, folgende rühmende Stelle hervor: „Die Stimmen aus Maria=Laach haben gerade die Litteraturgeschichte aktiv und passiv mit großem Eifer und unleugbarem Geschick gepflegt. Es ist vollständig wahr, was sie von sich selbst sagen: „Nicht nur auf Religion bezügliche, sondern auch philosophische, litterarische, pädagogische, socialpolitische, kirchenrechtliche, geschichtliche, ästhetische Gegenstände werden in kompetentester und elegantester Weise behandelt". Die Kritiken über Kunst und Litteratur aller Völker bilden zur Zeit sogar eine besondere Eigentümlichkeit dieses Organs, dem an redactioneller Vielseitigkeit weder die protestantischen Kirchenblätter noch die belletristischen Organe gleichkommen." .... Und über einen der Mitrebacteure der Stimmen, den Pater Alexander Baumgartner S. J. wird gesagt: „Der zweifellos bedeutendste Vertreter der jesuitischen schönen Litteratur, der allseitigste und eleganteste „Weltmann und Dichter zugleich", der „Göthe des Jesuitenordens" ist A. Baumgartner... Es giebt kaum ein Sprachgebiet, auf welchem Baumgartner nicht seine wahrhaft internationale Litteraturkenntnis bethätigt hätte.... Als ein von Baumgartner noch zu erhoffendes Werk wird eine „Weltlitteraturgeschichte" genannt. Nach allem was ich von ihm gelesen habe, bezweifle ich keinen Augenblick, daß an Geist und Wissen kein zweiter so geeignet sein würde, ein derartiges Werk zu schreiben"... So muß ein Gegner der Jesuiten sprechen! Ist es da nicht eine Schmach und Schande, daß so hervorragende und bedeutende deutsche Gelehrte nicht in Deutschland wirken dürfen?!...

Buchstäblich der gleiche Artikel trägt im Mainzer Journal vom 16. März das Correspondentenzeichen „Aus Baden". Der übliche Rundlauf durch die kleineren Blätter hat ebenfalls schon begonnen.